枝元なほみのめし炊き日記

人生なんとかなるレシピ

著者・枝元なほみ

農文協

もくじ

いのちが育むものを食べる

記憶が紡ぐものを食べる

本文イラスト・松田喬史

はじめに

季節が変わるたびに、去年もこうだったかしら、毎年こんなだったかしら、と思うのだ。今年は暑いですね、寒いですね、雨が少ないですね、そんなふうに交わされる言葉が頼りない。去年は、その前の年はどうだったかをほとんど忘れているからだ。多くの人が天気予報やニュースで知るのじゃなかろうか。「例年にない暑さの年になるでしょう」「今年いちばんの冷え込みになるでしょう」と言われて、そうだった、そういえば去年の今頃はもう毛布をかけて寝ていたんだったな、なんて思いだす。

二〇二二年の東京の夏も暑かった、ような気がする。でも、青森に雨が多かったことは、多分ずっと忘れないだろうと思う。

私は山芋の葉の付け根にできるころんと丸い球芽、むかごのファンだ。勢いあまって一二年前〈チームむかご〉というチームを作っちゃったくらい。かえりみられることの少ないむかごを商品作物にできないものか、と八百屋さんでも農家でもないのに、ちょっと無謀な取り組みを始めたのだった。長芋や栽培の自然薯、大和芋などを生産する方たちを訪ねて商品化を誘ってまわった。仕事でお邪魔したことがあったり、知り合いに紹介してもらったりした農家さんだ。むかごはその後大きなブームになるようなこともなかったが、秋が深まり始めた十月頭になると、今も細々と仕入れたり販売したり、淡々とむかごに関わっている。取材やイベントなどで何度か訪ねて仲良くなった長芋の生産者さんがいて、毎年美味しい自慢の長芋を送ってくださる。

そのうちのお一人、青森十和田の中野さんは三十代、元気のいい男の子二人のお父さんだ。むかごは種芋を作るその〈種〉として出荷しているので、私たちが販売したいと思っている食べるためのむかごで付き合うことは叶わなかったけれど、むかご収穫ツアーを組んで長芋の畑を訪ねたときのことを今も覚えている。新山さんと古里さんという、むかごに関わり始めて最初に知り合った生産者さんと、初見の若い中野さんも一緒に、みんなでご飯を食べた。そのとき、中学時代はきっと野球部のキャプテンだったに違いない、そしてそのまま年を重ねられたのだろうなあと、なんだかいつも夢想する新山さんが、優しい青森イントネーションで中野さんに聞いた。「一体どういう経緯で、農業を始めたのさ?」。確かに中野さん、以前はサラリーマンをしていたと聞いたことがある。

きっと照れも半分だろうけれど「親父が車買ってくれるって言ったもんで」が中野さんの答えだったような記憶。作物の育ちや土をしっかり見て考えながら美味しい作物を作り、それを生業として成立させてきたプロの農家である新山さんや古里さんにしたら、その仕事をどうやって若い世代に引き継ぐかが、大きな関心事でもあったのだと思う。

そんな中野さんがこの夏、ＳＮＳで呟いていた。

東京に出た姪御さんが、「東京の夏は私を殺しにかかってる」と言っていたけれど、それどころじゃなく、今年の青森の雨は「農家を潰しにかかってる。長芋畑の畝の間に水がたまってなかなか退かない、一体どうなるんだろう」と。

心配になってメールした。

「まあ、やるだけの手当てはやりました。仕方ないです、できてもできなくても、まあなるようになるでしょう」そう返事がきた。

もうお一人、有機栽培の丹波ののりたま農園さんも、その頃同じようにおっしゃったのだ。例年にないひどい雨降り、種子をネズミに食べられた、天候が合わずにうまく育たなかったなど、いろいろな被害に見舞われていた。でも、「やるだけのことはやったので、まあ運を天に任すしかないですよ」とおっしゃった。

私までつられて謙虚な気持ちになる。作物が育つ、そのことの豊かさと感謝の気持ちと、自然に対する畏敬の念を思う。農業という食べものを作る仕事が大事にされる世の中になりますように、そう思わずにはいられない。

私の仕事は、料理。料理研究家、と呼ばれる職種。

でも、心の中で自分のことを言うときは、「私の仕事は、めし炊き」と思うのだ。しっかりとした美味しい食材がなければなんともならない、これまた自分がいくら頑張ったってどうにもなるものじゃない。「めし炊き」、長く料理を仕事にしてきて、何より一番上手になったのが、ご飯炊き、だと思うからだ。

〈めしを炊く〉、いい言葉じゃないか。一番のおおもと、生きていくことの根っこにある〈めし〉さえあればなんとかなる、そう思える。やるだけやってあとは天まかせ。

なんとかなる、そう思って謙虚に、でもたくましくご飯を食べて生きていく。

枝元なほみ

場が育むものを食べる

みんなで食べる大人食堂　二〇二一
――東京・四ツ谷　聖イグナチオ教会

新型コロナ禍である。

二〇二一年一月七日、今日の東京都の新型コロナウイルスの感染者数は二四〇〇人を超えた。

去年の暮れまでは、GO TO TRAVEL やら、GO TO EAT やらで〈お出かけ推奨〉だった政府が今は、〈緊急事態である！〉と宣言している。外出を自粛してほしいと言っている。一体どうせい、ちゅうねん。

いきあたりばったり、欲得優先の考えなし、無策もいい加減にしてほしいとしか思えない。コロナ対策もそうだけれど、すべてに自助、共助優先で、自己責任という名の丸投げに腹が立ちまくる。公助は、与党政治の内だけの特権仕様じゃないか。

いやいやいけない、こんなにムカついて不安や怒りをかかえ続けていたら、ご飯も美味しくなってしまう。免疫力を上げるためにも、しっかりちゃんとしたご飯を食べなくちゃ、そんなふうにも思う、それなのに。〈みんなで食べる〉ことも〈一緒の時間を楽しむ〉ことも叶わないのだ。ジレンマに身悶えしそうになる。

二〇二一年一月一日と三日の二日間、四ツ谷の聖イグナチオ教会で、生活相談や労務相談などを合わせた〈年越し大人食堂〉が開催された。去年(二〇二〇)に引き続き、二回目になる。私は食事提供係、今年は新型コロナ下で生活不安を抱える方たちに二日間で約七五〇食ほどの食事とスープを提供した。

その場で食べていただくことができないので、持ち帰り用のパック詰めにしたお弁当状態。スープだけは温かい状態で渡したいのに、蓋付容器に入れるしかない。どこまで温まってもらえたろうか。

二〇二〇年の年末二十八日に、大量調理用の大鍋、火力の強い大きな五徳と専用のプロパンガスのボンベなどを借りにいき、ついでに大きなへらやしゃもじなどを買い揃えた。二十九日から三十日までは、私の自宅で料理の準備。一〇時から夕方五時半まで。一日の人員約八～一〇人。

もともとは、二日分で四〇〇食を作るように言われていたのだが、その予定を上回る量の野菜が各地の生産者さんから寄付として次々と届いた。

一〇kg入りの段ボール五箱の玉ねぎとじゃがいも、オレンジ・黄色・紫の三色の人参二箱、チコリと水菜が三箱ずつ、ごぼうが二〇kg。長芋二箱、大きな大きなかぼちゃは五個ずつ二つの巨大段ボールに。パースニップと、コロンと可愛いビーツも各一箱、それらは有機栽培をしている十勝の六軒の農家さんから。すごく美味しい卵を生む鶏を飼っている農家さんからは鶏肉と、箱いっぱいの鶏ガラ、そして卵一箱。箱と言っても、段ボールなのだ、単位が五kgや一〇kgなのだ。普段いろんな人から「無意味に広いねえ」と言われている私のうちの玄関に、ずっしり重い段ボールが山積みになっていく。十勝からはほかに、無肥料無農薬栽培の乾麺の蕎麦が五〇kgくらいに、直径約三〇cmの太鼓形のチーズが三つ。びっくりする！　十勝の人たち、太っ腹すぎる！

さらには、白菜が二箱と大根一箱が長野の農家さんから。これももちろん無農薬。スペイン語の通訳もするまっすん（あだ名です）は、お父さんと作っているという長ねぎ、白菜、キャベツ、ほうれん草をそれぞれ一箱ずつに、人の顔より大きなカリフラワーを群馬から持ってやってきてくれ、その後料理も手伝ってくれた。

丹波の農園からも紫の大根や赤かぶなど、色どりを華やかにしてくれるものが詰まった各種野菜の箱が届き、お米六〇kgは知り合いの会社が、ドカンドカンと入った豚肉の冷凍の箱とともに送ってくれた。大箱入りの仙台の揚げ麩もありがたかった。メインの食材を提供してくれたのはパルシステム生協で、豚ひき肉二〇kg、豆腐三〇丁、お餅が二つの大箱、卵四箱（三〇〇個くらい？）、浮き実に使うはんぺんやスープに使うクリームチーズと牛乳、塩や砂糖や醤油などの調味料、だし汁用の鰹節や昆布、スープの素などなど、などなど。

お弁当は次々と渡して終わり、じゃなくて、「これは肉味噌のお弁当、これは豆腐そぼろですよ、これはなますだからさっぱりしますよ」なんて説明しながら渡せたらいいなと思ったのだ。そう思ったのは、去年の大人食堂がそんなふうだったからだ。キッチンから、湯気の立った料理を運ぶ、「でき立てですよー。これ、すごく美味しいからちょっとずつどうですか？」なんてお皿に取り分けたりして、それがすごく良かったのだ。

最初はみんなに同じものが行き渡るように、お皿にセットを作った。おむすびにこまごましたちょっと正月気分のおかず、メインのおかず、熱々のスープ。でも、握る人によっておむすびの大きさもまちまちになるし、なんだかだんだんめんどうくさくなってきて、鍋で炊いたご飯を部屋の真ん中にドーンと持って行ったのだった。

「ご飯が炊けましたよーーー！」私は持って行っただけ。あとはボランティアでお手伝いしてくれている人に「みんなによそってねー」と任せたのだ。

キッチンからその様子を見ていたら、じわっときた。

蓋を開けると湯気がモワッと上がる、白い炊き立てご飯に歓声が上がる。お皿を差し出す人、よそる人、鍋の周りに人が集まって、なんだかまるで即席の擬似家族みたい。好き嫌いがある人も、たくさん食べたい人も、何か一つのおかずをもっと食べたい人も、自由。

「お雑煮の入った発泡スチロールの容器を両手で持って大切に食べてくれていましたよ」なんて報告されたら、そりゃ半泣きになる。だって調理担当の私、〈だし〉だけは真面目に本気でとったからなのだ。

でも、コロナ禍の下、今年はそうはいかない。

コロナめ、擬似家族の温かさを返せ！

それでも、「とろろもあるんですよ！　かけますか？」くらいは聞ける。「どっちのスープにしますか？」くらいの会話は成り立つ。鶏ガラと昆布・鰹だし汁を合わせた雑煮風の和風スープとポテトクリームスープの二種類のスープだった。

元旦の食堂初日、キッチンで三日用の仕込みをしながら、私、急に涙が出てきた。悔しくなったのだ。

本当だったら、温かな自分の家でお餅やおせちなんかの御馳走を食べながら、ゆっくりと年の始めを祝うはずのこの日に、なぜこんなに多くの人がお金に困って無料の食事に並ばなくちゃいけないのか。寒空の中、野宿しなくちゃならない人がいるのか。

泣きながら「アベノマスク返すから、税金返せ！　そのお金をここで配れ！」、大声で言ってみた。キッチンにいたみんなが、そうだそうだ、と一緒に声を合わせて、「アベノマスク返すから、税金返せ！」の大合唱になった。

泣きながら少し笑った。

三日用の仕込みを終えた後も、食材は十分すぎるほどあった。野菜の箱がまだ家に残っていたので、急遽、フリーマルシェをすることにした。余裕のある人からは寄付をもらい、余裕のない人は無償で、野菜を持ち帰ってもらうことにした。白菜やキャベツは使いやすいように四つに切った。大きなかぼちゃも、小さく切り分けた。洗いきれなかったごぼうは土付きのまま袋に入れた。私、少しわかったことがある。

困窮していることをまるで恥じるように、肩を落として首うなだれて食料の配布に並ぶのじゃなくて、余裕がある人ない人、みんなが混ざればいいんだ。余裕のあるなしはその時の偶然、みんなが一緒になったらいい。「これはどう？ 持っていって、美味しいよ！ いっぱいいただいちゃったからね。美味しく料理してねー」なんて言い合いながら、まるで田舎の隣近所みたいに、混ざり合って分け合ったらいいんだ。

外国籍の人も、子どもをつれたお母さんも、若者も老夫婦もおばさんもおじさんも、みんな嬉しそうに野菜を選んでくれた。野菜は無事、全てみんなの手元に渡っていった。食べものが間にあることで、Help！が言いやすくなるって、いいじゃないか。

「食べて」って言うのは、「生きて！」って言うこと、食堂やマルシェをする側も、それが言えることがありがたい。

夕方六時のおしまい頃に、お父さんと一緒に小学二年生の男の子がやってきた。大人食堂の報道を見て、お年玉を寄付しにきてくれたのだった。

そう、いろんな人が来てくれた。

誰かのために何かしたい、そんな気持ちもつながっていた。苦しいことも大変なこともいっぱいある。でも、ありがたいこと、嬉しいこともいっぱいある。

ともに生きてく、年明け。

炒めなます

子どもの頃は、おせち料理の一体どこが美味しいのだろう、と思っていた。甘かったり酸っぱかったり、なんだかべとべとしていたりで、おかずにならない。蒲鉾も黒豆も昆布巻きも大根なますも、なんだかなあ。でも、年齢のせいなのか自分で作るようになったせいか、年々印ばかりのおせち（のようなもの）を用意するようになってきた。けれど、やっぱり自分の好きなものしか作りたくない。そんな中の一押しが「炒めなます」。季節を問わず作ってバリバリ食べている。大人食堂でも彩りのある小さなおかずとして活躍した。

材料／４人分

レンコン…中１節（約150g）

人参…小１本（約100g）

大根…7㎝

しいたけ…４枚

黄色パプリカ…小１個

A
- 米酢…大さじ3
- 砂糖（あればきび砂糖や三温糖など）…大さじ1と1/2
- 塩…小さじ1/3〜1/2
- 昆布茶…小さじ1/3

油…大さじ2

作り方

1 レンコン、人参は皮を剥く。太い部分は2〜4等分の薄切り（半月、イチョウ切り）、細い部分は輪切り。大根は皮を剥き、薄めのイチョウ切り。しいたけは軸を落とし、4つに。パプリカも一口大に切る。

2 **A**を混ぜ合わせておく。

3 フライパンに油を入れて中火で熱し、レンコン、人参、大根の順に入れて炒め、艶やかになったらしいたけ、パプリカも加えて炒め合わせる。温まって軽くしんなりしたら**A**を加えて、水分を飛ばしながら炒めあげる。

孤独を食べる——パリ・詩人の家

場所はパリだ。花の都パリだ（古っ）。古いついでに二〇年近く前の話だ。親友の伊藤比呂美、その友人の詩人、ジェローム・ローゼンバーグ（通称ジェリー）とダイアン夫妻が、しばらくパリにいることになった。ジェリーは、サンタクロースみたいなひげの詩人、ダイアンは伊藤と私が「なんか魔女だよね」と評する「私は私よ！」タイプの根太いパワーを持つ人。

このジェリーとダイアン（以下J＆D）、パリでは知り合いの家族がバカンスに行っているお家に滞在するのだけれど、「子ども部屋が余るのでそこに泊まりにくれば？」と、誘ってくれたのだ。

いそいそと出かけた。子ども部屋の小さめベッドがしばらくの間の私の寝ぐらだ。

　ホームステイのいいところは、何と言ってもキッチンが付いていることだ。そりゃ街中にあるホテルにいるほうが、あちこち観光して回るには楽だけれど、バスに乗ったり地下鉄に乗ったりしながらでも、キッチンのある部屋にいることができるのは価値がある。スーパーマーケットにも、市場にも行けるんだもの。これは何？　どんな味？　っていうものをどしどし買って試すことができるんだもの。

　市場に売られているひょろりと縦長の肉は、つるんと皮を剥かれたうさぎだった、びっくりする。その他各種肉もずっしりごろりと並んでいる。魚売り場も面白い、馴染みのない魚たちが並ぶ。野菜も果物も知らないキノコも、のびのびと積み上げられている。アスパラガス、白も緑も、細いの太いの混ざりあってバケツに入るみたいな大束で並んでいる。日本のスーパーのきゅうっとラップに覆われたパック詰め食品とはまるで違うのびやかさだ。おおらかだなあ、土の匂いがするみたいだ。ワクワクしながら買い物をして帰ってくる。

葉がチリチリとしたちりめんキャベツと、塊のイノシシ肉は煮込みにするつもり。「ワイルド・ポーク」と言われたのだ、「イノシシでしょ？」と思ったのだけど、料理したあとの味ではよくわかりませんでした。

日本だったら一つずつパック入りのチコリは、かごにどっさり入った一山売り。「一人一〜二個は食べてね」ってことだな。これはお使いに連れて行ってくれたダイアンが「スープで煮込むつもり」と言って買った。考えたらチコリ一個なんてぺろりだもの。そうだ、果肉のしっかりした少し小ぶりのイチジクも買ってこれは、デザートに。

J＆Dの知り合いが集まってパーティーをすることになった。

ワクワクした市場での買い物も、知らないキッチンでの料理も楽しかった。何しろこれと言ってすることのない旅人の身、キッチンに閉じこもって遊ぶのは休暇の中の休暇みたいなものだ。お客さんがくる、食べてくれる人もいる。

でも結局。食事中の英語で繰り広げられる会話についていけずに、私は煮込みすぎた肉、煮崩れた野菜、水けが出てべしゃっとしたデザート・タルトみたいな感じでしおれにしおれた。でも料理のでき上がりはそれほど悪くなかったのだ。しおれた理由は、居場所がないように感じた、その一点だ。なんとなくはわかる、多分こんなことを言っているのだろう、でも、「それ違うんじゃないですか?」と思っても言えない。もちろん面白そうな話に加わることもできない。同じ場所にいるのに思っていることを表にだせずに、透明人間になったみたい。

お客が帰ってから、子ども部屋の小さいベッドの上で大泣きした。言葉が話せないという檻の中に閉じ込められた数時間はしんどかった。

きっとほかのことにも通じるのだろう。例えば違う価値観の中にぽつんといるとか、状況がまるでわからないとか、不安材料に取り囲まれているとか。要するに、その場にいていいんだ、その場が自分の居場所なんだ、という気持ちになれなければ食べものだってもちろん美味しくない。

一緒に食べるって、無条件にいつも楽しいわけじゃないんだな。

豚肉とキャベツの煮込み

普段はもちろん、イノシシ肉ではなく豚肉で作っている。昔働いていた無国籍レストランで繰り返し作ったメニュー、当時はこの料理のことを「ハンガリアン・グラーシュ」と呼んでいた。グラーシュとは煮込みの意であるという。ということはハンガリー風の煮込み、今回のように焦がしたニンニクや玉ねぎで日本の醤油煮込みのような色合いになったもののほか、シチューのようにトマトを使ったものなど、いろいろな味付けがあるらしいことを後で知った。

キャベツの水分で蒸し煮した肉がサイコーに美味しいです。

レシピ　豚肉とキャベツの煮込み

材料／４〜６人分

豚肩ロース塊肉…600〜800g
塩…小さじ１強
粗挽き黒コショウ…小さじ1/3
キャベツ…小さめ１玉
玉ねぎ…1個
ニンニク…1かけ
オリーブオイル…大さじ2
パプリカパウダー…小さじ1/2
ローリエ…2枚
塩・コショウ、粗挽きマスタード…適量

作り方

1 豚肉の水気をペーパータオルなどで押さえてから、塩と粗挽き黒コショウを擦り込む。

2 キャベツは縦半分に切って、大きめにちぎりながら手で裂く。芯の部分は、大きければ食べやすく切る。すすいでざるにあげておく。玉ねぎ半分と、ニンニクは粗みじん切りにする。残り半分の玉ねぎは薄切りにする。

3 厚手の大きい鍋にオリーブオイルと粗みじんに切ったニンニクと玉ねぎを入れて中火にかける。色付いてきたら豚肉を入れて火を強める。

4 肉の表面全体に焼き色を付け、キャベツの1/3量を入れる。肉をキャベツの上にのせて、残りのキャベツと薄切りの玉ねぎを重ね、パプリカパウダーを振りながら入れる。ローリエも入れる（キャベツが入り切らなければ、無理をせず、しばらく煮て量が減ってから追加するとよい）。

5 蓋をして、3分ほど強めの中火で鍋全体を温めたら、弱めの中火にして30〜40分煮る。

6 キャベツから水分が出て全体が茶色っぽくなってきているところを、ざっと上下を返すようにする。肉をキャベツで覆うようにして蓋をし、さらに30〜40分弱火で蒸し煮する。

7 キャベツの味をみて塩・コショウで味を調え、肉を食べやすく切って盛り合わせる。好みでマスタードなどを添える。

体と心はくっついている――長崎・五島

「おととい、転んじゃったのよ。体がショックを受けたせいなのか、よくわかんないんだけど、なんだか今日はものすごく気持ちが落ちて、鬱みたいになっちゃってんの」。友人が電話で言った。

「それすごくわかるっ」。そうなのだ、すごくわかったのだ。

私自身、少し前に間質性肺炎という病気がわかって、一体どうなるのか心配が募って、ある朝倒れたからだ。息が苦しくなって、自分が思っているよりも病気がずっと悪いのかと不安の塊になって、人生初の救急車のお世話になった。体が、特に胸のあたりがきゅうっとすぼまって、実際すごく苦しかった。

でも、病院でいろいろな検査をした結果は、肺炎の急な悪化ではなくて過呼吸という診断だった。不安が生んだ息のすいすぎっ。要するに、気持ちだった。病気ではなくて、気持ちが体を縮めてしまったのだ。

だとしたら、体に受けたショックが気持ちを縮めてしまうことだってあるはずだ。友人の場合も、転んだせいで体中の筋がきゅうっと引きつって、きっと、心が縮んでしまったんじゃないのかしら。

〈病は気から〉じゃないけれど、体と心はくっついている。それどころか、おんなじもの、おんなじ根っこ、と言えるのかもしれない。


ちょっと話が飛びます。

ゴン鯵、という魚の鯵の取材をさせてもらったことがある。長崎県でのこと。鯵は本来回遊魚だけれど、その辺り、五島灘に住み着く鯵がいるのだそうだ。鯵の大ぶりなものをとり、海の中に作った生簀にしばらく泳がす。

かなり前のことなので記憶は曖昧だけれど、港からそれほど遠くない生簀まで船で連れて行ってもらった。円形の囲いは網のようなものでできているので、泳ぎ去れるわけではないけれど、素通しなので、確かに海の中にいるのと同じ環境なのだ。

旅をする鯵ではなく、その辺りに住み着いている鯵。釣られた後、住んでいたのと大差ない環境の生簀の中にしばし置かれるわけだから、釣られたショックから程なくして立ち直る。そののち今度は、港の施設内の生簀に移される。今回は囲いの中、素通しの海の中とは違って餌のない環境で再びしばし泳がされる。

そうしていよいよ出荷のときがくると、網でヒョイと掬い、活締めの名人が細長い針金を眉間にシュッとさして締める。眉のない魚の頭の部分を果たして眉間と言うかは別にして、その技と言ったらすごいものだった。池波正太郎の小説の、江戸時代の暗殺者、藤枝梅安の技もこのようであったかと思うばかり。活締め、血抜き、神経抜き、という技が使われるらしい。

素早い活締めの仕方もそう、お刺身になってもゴン鯵、自分が締められてしまったことに気がついていないのではないかと思うくらい。

ストレスフリー、ってすごいことなのだ。なんと言っても、ゴン鯵、すごくうまいのだ。これまで思っていた鯵の味とは全然違う。

締めてもらったものを刺身用に捌いたときもびっくりした。内臓がほぼないほどまでに小さいのだ。一週間ほど餌のない状態で泳がすので、内臓の脂が体全体に回って霜降りのような状況になるそうだ。そりゃうまい。それにこの〈活かし込み〉で、漁獲時のストレスで筋肉中に溜まった乳酸も減少して、良い肉質にもなっているのだそうだ。

ようやく、ストレスと筋肉の話につながった。

いくつも、ああそうなのか、そういうことか、と思い出し、勉強になったのだ。人間の病気も、ストレスや暮らし方と関係する。アニマル・ウエルフェアと言われる、動物の環境に配慮してストレスをなくした育て方、鶏でも豚でも牛でも、健康的に育てることが大事だと言われるようになってきた。作物だってそう、化学的なものにじゃなく、陽や風や自然に、そして人の手に守られてのびのび育ったものが食べたい。

私たちが健康でいるには、病院に自分を委ねるよりも、健康に育ったものを食べて健康な環境で暮らすことのほうが大切だろう。無理がないこと、ストレスがないこと、気持ちいいと思って暮らしていくことは、きっとそんなに難しいことじゃない。

鯵のユッケ丼

もしゴン鯵が手に入ったならば、刺身で食べるに限ると思う。何せ漁師さんたちが高級魚に育て上げた、これまで食べたことのない味の鯵だから。でも、普段のイキのいい鯵だとしたら、ニンニクやコチュジャンやゴマ油を効かせたユッケ風の味付けもおすすめだ。ブリや鰹にもよく合う。ガツンとパンチが効くせいで、ご飯がモリモリ食べられちゃう。いつもの醤油とわさびの刺身とは違うパワーが欲しいときにおすすめです。

材料／２人分

ご飯…小どんぶり２杯

鯵の刺身（三枚おろしのフィレ状にしたもの）…150g

A
- 醤油・味噌…各小さじ2
- コチュジャン…小さじ2
- 砂糖…小さじ1
- ゴマ油…小さじ1
- ニンニクのすりおろし…小さじ1/3

細ねぎ…1本（小口切り）

好みで青じそ、みょうがなど…適宜

作り方

1　鯵の刺身は、小骨があれば避けながら、1cm角に切る。

2　**A**を混ぜ合わせて、鯵と細ねぎの小口切りを入れて混ぜ、ご飯にのせる。青じそやみょうがを千切りにして水に晒し、水気を切って天盛りにする。

しいたけと森のおはぎ——愛媛・大洲

申し訳ないことにこれまで、原木しいたけと菌床しいたけの違いをあまり意識したことがなかったのだ。仕事で使うスーパーでも、最近は直径が七〜八cmもあるまん丸に形の整った肉厚菌床しいたけが並び始めて、それになびいてもいた。フライパンやグリルで丸ごと焼いて、バターをひとかけのせ、お醤油をちょろり。ふむふむ美味しいものだ、そう思ってもいた。そう言えば〈原木しいたけ〉を見かけなくなっていたのも事実だ。だから選ぶのは、菌床しいたけ数種のうちでどれにするか、だった。

あるとき、仕事で愛媛県大洲市の原木干ししいたけを使って料理をすることになった。仕事のディレクター氏が、何やら立派なパンフレットと熱い思いとともにやってきて、「とてもいい人たちなんですよ！　原木しいたけを作ることで森を守る、山を守る、その気概が素晴らしい！」と言う。でも、森や山を守るために、しいたけを食べる訳じゃないしなあ、と密かに思いつつ、料理をしてみた。気付くことがいくつかあった。あれ、違うね、原木しいたけ。やっぱり美味しいな。「これはぜひ訪ねて生産の現場を見て話を聞かなくちゃ」と思い立ったのだ。

松山空港まで迎えにきてくださった大洲市森林組合、松本さんの車で山に向かう。空港から二〇～三〇分も走ると、田園風景になり、山の懐に入りだす。「スギやヒノキの植林の山は濃い緑、でもそのほかに、いろんな木の緑色があるでしょう？」。時は四月。山は淡い黄緑で煙っているようだ。山が笑う、ってこういうのを言うんだったかしら。時折、少し遅れた山桜がほわっと白を浮かばせている。あちこちの家の庭先には艶のある黄緑色を光らせて柿の木の新芽が芽吹いている。出始めの柿の木の黄緑が私の一番好きな緑色だ。

「スギやヒノキは根がまっすぐに浅めに張るけど、クヌギは深く大きく広がって根を張る。ほら、あそこの岩の上にも根を張っているでしょう？　だから、家の裏があんなふうに崖みたいになっていても、崩れないんだよ。それに、切ってしまうと終わりのスギやヒノキに比べて、クヌギはいっぺん切ってもまたそこから芽が出て木に育つ。それでも建材にはならないから、昔から炭に焼くか、原木としてしいたけを作って利用してきたんですよ」。そうか、そうなのか。

両側が鬱蒼とした木々の林道を登り、椎茸生産者協議会の会長・大成さんの待つ原木しいたけの〈ホダ場〉へ行く。

想像以上だった、なんていうか、圧巻だった。森の中に忽然と現われたのは、長さ一mくらいのクヌギの木を両側から組んだホダ木がダーっと並んだ景色。三〇a（一aは一〇m×一〇m）ほどの広さ。しいたけが苦手とする直射日光を避けて空間を覆うように大きなスギの木が並び、その下に三角の形をしてホダ木が並ぶ。すぐにいくつもの大きなしいたけができているのを発見してワクワクする。ひっそり涼しげなしいたけ団地を木々が、山が守っている。十分に育ったしいたけをポキポキっと折り、採らせてもらった。しっかりした厚み、ずっしりとした重さ。菌床だと丸くできるが、原木はホダ木に沿うように育つので、いびつな形になることが多いと聞いた。菌を植え付けて二年ほどたってから、ようやくしいたけが出てくるそうだ。クヌギのホダ木の中でじっくりと育てられる時間が、原木しいたけの持ち味を作るのだと納得する。そうか、木の〈子〉なのだった。

再び山道をさらに登り、大成さんのお宅にお邪魔する。干ししいたけの入っている大きな段ボール箱が積み重なる作業場を見学してから、お庭の石の丸椅子に腰掛けて、お茶をいただくことになった。立派なテーブルも石造り。そこに大きなおはぎとお漬物が用意されていた。山を巡った後のお茶がことさらに美味しい。

それにしてもおはぎが、大きい。大丈夫かな、私。空港でお昼ご飯を済ませた後だったのだ。半分だな、同行女子と半分ずつにしよう、そう思って食べ始めると、いやいや美味しいのだった。ぺろりだった。そばに添えてある漆黒のものは（いいえ、本当に真っ黒だったんです！）、一〇年ものの奈良漬なのだぞうで。いやいやこれがまた！！　なんともびっくりの美味しさ、そうして驚嘆レベルでおはぎと好相性。一〇年の年月を経て丸くなった味の奈良漬をひとかじり、おはぎを一口、また奈良漬そしておはぎへ。おしゃべりそっちのけで私は人生初の、大きなおはぎ三個を完食。そのうえ、残っているおはぎと奈良漬を「これ、いただけませんか？」となんのためらいもなく懇願、自分でもそのあまりの図々しさに笑っちゃうくらいだが、迷いはひとかけらもなし。おはぎが大好き！　という友人にもぜひ食べさせてあげたい、と心の底から思ったのだ。

そこに居合わせた六人の中でダントツの食い意地を見せた私、その後ようやく山としいたけ作りの話へと突入したのだった。

「子どもにこの仕事を継ぃでくれ、とはなかなか言えんのよ。採算が合わんもん。このまんまじゃやれんようになるよ。ものを売るその流れがなんかおかしいんょねえ」と大成さん。私、ひどく頷く。

各地の畑や田んぼを巡って、土を耕し種子をまいて育て、一から食べものを作る人たち、生産者がどうやったら続けていけるのだろうと悩み続けるなんておかしいと、いつも思ってきたからだ。このままじゃどう考えたって行き詰まる。作る人がいなくなったら、流通も販売もへったくれもない。もちろん消費者の暮らしだって危ういエッジの上にいるようなものだ。生産者がいなければ食べものができない、もう元々がゼロになっちゃうのに、その作り手たちの仕事が成り立たなかったらどうなるんだろう。携わる人たちの苦労が報われないままじゃあまりに先がないじゃないか。

お茶とおはぎと奈良漬にパワーをもらって、そんなこんなの四方山話が炸裂した。

「これはまあ、冗談みたいによく話しちゃうんだけどね。孫が小学校に入るんでランドセルを買ってやることにしたのさ。で、山を整理するついでに木を切って売ったら、四tトラック一台分が、なんと三万二〇〇〇円だよ、五〇年ほどたった木もあったのにさ。でもランドセルはさ、六万だったんだよ、六万」と松本さんが言う。

四tトラックいっぱいに積み上げた木々を思う。それを切り出して運び、トラックにのせることを想像してみる。当然のように私には、たった一本の木を切って運ぶことすらできないだろう。ヘタレな私は木登りどころか山登りすらできないのに、木々を眺め、木々の中にいるのがとても好きだ。

でも、山の暮らしの実際は、眺めているだけのものとは違う。もちろんどんな暮らしにだって、楽しいことも大変なこともある。でも、それにしても。ヘタレな街中暮らしの、それもキッチンが主戦場の私。それでも、話を聞いて、想像してみることから始めなくちゃ、そんなふうに思ったのだった。

干ししいたけ風味のだし

これまでどうも干ししいたけの戻し汁が苦手だった。でも、原木の干ししいたけを水でゆっくり戻した戻し汁に開眼したのだ。圧倒的な美味しさ！　すっかり原木干ししいたけのファンとなった私は、ファーマーズマーケットの中の知り合いのお店で臨時宣伝販売員を申し出たことさえある。まだコロナの前、塩を加えただけのシンプルな戻し汁のだしを小さなカップに試食として出すと、九〇％の確率で干ししいたけは売れていった。

材料／作りやすい分量

原木干ししいたけ…5〜6枚
だし昆布…7㎝×12㎝くらい
煮干し…7〜8本

作り方

1 煮干しは頭と内臓を取って、全部の材料と1.5〜2ℓ弱の水を一緒に入れて、冷蔵庫で一晩おく。

2 鍋に移して強めの中火にかける。

3 煮立ってくると、白い泡状のアクがむくむくと上がってくるので、それを取り、昆布も引き上げてから、濾す。

＊塩を適量足してお吸い物のベースにしたり、醤油やみりんを足して煮物のだしにしたりして使う。

〈シンプルなお吸い物〉

材料／2人分

干ししいたけ風味のだし…2カップ
塩…小さじ1/4~1/3
薄口醤油・みりん…各少々

作り方

1 だしに塩を入れて温めて、薄口醤油とみりんで味を調える。

2 刻んだユズ皮とか、春なら晒したウドなど、季節ごとの香りものを吸い口として加えてもよい。

〈しいたけ煮〉

材料／作りやすい分量

だし作りで戻した干ししいたけ…6枚
油揚げ…2枚
A［砂糖…大さじ1
　 みりん・醤油…各大さじ2と1/2～3
干ししいたけ風味のだし…1と1/2カップ

作り方

1 戻した干ししいたけは軸を切り落とす。

2 鍋に湯を沸かし、油揚げを入れて1～2分茹でて油抜きをし、ざるにあげる。軽く流水をかけて冷まし、水気を絞ってから切る。短辺を半分に切ってから、長辺を4等分に切って正方形にする（細切りなどにしても）。

3 だしに、**A**の調味料の半量を入れて、しいたけの傘を下にして並べ入れ、油揚げも加える。落とし蓋をして中火で10分ほど煮る。

4 落とし蓋を取って、鍋を傾けて汁をよせ、残りの**A**の調味料を加える。鍋を回して汁を行き渡らせ、落とし蓋をしてさらに10分ほど煮てから、落とし蓋を取って、汁気を飛ばす。

八粒の豆の豆ご飯──東京・うちのベランダ

スーパーマーケットなんかで普通に売っているかぼちゃ。

最近は1／4カットでラップにピッタリ包まれていることが多いあのかぼちゃを料理するときに、スプーンでワタとタネをこそぐように取って、普通は捨ててしまうその部分をすすいでワタを落とし、タネを取り出す。そのタネを小さなベランダのプランターの土に埋めてしばらくおくと、芽が出てくるんですよ！

これがかわいいっ！　もうびっくりするほど、絵に描いたような双葉が出てくる。それも結構肉厚な、しっかりした葉っぱが出てくる。

あるとき土に埋めたはずのタネが、あれっ土の上に顔を出してる、と思って見ていると、数日してそのタネの白い殻が割れて緑色が出てくる。ちょうど蛹から出てきた蝶のクシュっとたたまれていた羽が広がるように、緑の葉っぱが広がり始めて、両側にリボンのような葉っぱが広がる。双葉。もう、かわいくってかわいくってきゅん。

三枚目の葉は丸っこい形で伸びてくる。ベランダでは丸々のかぼちゃにまではならないけれど、勢いよく元気よく伸びる葉に目を奪われて日々その姿を愛でるのがうれし、楽し。黄色い花が咲くのもすごくかわいい。これが普通に売ってるかぼちゃの、捨てちゃうタネからできたんだと思うと、さらにきゅんきゅんする。

みんなからは「食べられるんですか?」と必ずと言っていいほど聞かれる。観葉植物でいいじゃない、って思うけど、確かに葉っぱの様子も美味しそうな気がする。刻んで味噌汁に入れる、茹でてゴマ油と少しのスープの素か昆布茶と塩で和えてナムル、さっと衣をつけて天ぷら、など。黄色い花の天ぷらもいける。

タネまき、これ結構ハマる。芽が出るってすごい、小さな、でも確実な自然の力に驚かされる、励まされる。

昨日は、私の小さなベランダでグリンピースを収穫した。

これまたスーパーの棚に出てき始めのサヤ付きグリンピースを買ってきた。料理して少し残ったものを冷蔵庫にしばらくおいてからサヤを開けると、緑の豆に白い髭のような根が一本伸びている。これをコットンをしいた皿におき、水をはっておくと、これまた小さな葉が出て伸びてくる。それをプランターに植え替えると、ツルがあちこちにからまって伸びて、いつの間にか白い花が咲く。それから萎れてサヤの形ができて、そして膨らんでくる。売っているグリンピースと比べたらずっと小さいサヤ。豆は二粒ずつ入りのその豆を出して、水加減した米の上において一緒に炊く。米二合にたった八粒の豆の豆ご飯が炊ける。ツヤツヤ白飯の表面に緑の水玉。

これが！　夢のように美味しかった。鍋の蓋を開けてしゃもじで豆と周りのご飯粒ごと掬って、手でつまんで食べる。わあああああ美味しい！　こんなに美味しいもの、そうそう食べれるものじゃない。本気で、本気で思ったのだ。居合わせた友人もその美味しさに言葉を失っている、うーんうーんと唸っている。半分の四粒ずつを食べる。

なんだろう、この小さなベランダ生まれの、飛び抜けた〈かわいい〉や〈美味しい〉は。

感動があるのだ。心が動くってすごいことだなあと思うのだ。

八粒の豆は宝石みたいだった。

ペルー風炊き込みご飯

八粒では全然足りないのですが、変わり豆ご飯を紹介します。和風の豆ご飯とは全く趣の違うご飯です。果たしてペルーでほんとうに作られているのかは謎ですが、若い頃にその名前で習って以来、大好きな炊き込みご飯です。ハンバーグなんかに使って残りがちなナツメグがびっくりするほど入って、大活躍するご飯、ナツメグがグリンピースと相性がいいとは！　と驚いてもらえると嬉しいです。

材料／4～5人分

米…2と1/2カップ（500mℓ分）
グリンピース…150g
豚小間切れ肉…150g
長ねぎ…1本
ニンニク…1かけ
塩…小さじ1/3+小さじ1/2
ナツメグ…小さじ1+小さじ1
チキンコンソメ顆粒…小さじ1
オリーブオイル…大さじ2
コショウ…少々

作り方

1 米は研いで水気を切り、炊飯器の内釜に入れる。水500mℓとチキンコンソメ顆粒を加える。

2 長ねぎは1cm幅に切り、ニンニクは縦半分に切って芯芽をよけて潰す。

3 フライパンにオリーブオイルとニンニクを入れて中火にかけて、香りが立ったら長ねぎ、豚肉の順に入れて炒める。塩小さじ1/3、ナツメグ小さじ1、コショウを入れて混ぜ、グリンピースも加えて油分がなじんでつやつやとするまで炒める。

4 米の上に**3**をのせて、普通に炊く。

5 炊き上がったら10分蒸らして、塩小さじ1/2、ナツメグ小さじ1を加えてさっくりと混ぜる。

子どもが作る子ども食堂――北海道・余市

友人のゆきちゃんは北海道余市で、夏休みと冬休みに福島の子どもたちの保養キャンプを続けている。子どもたちが思う存分遊べるとてもいい環境の中にゆったりと建つ大きな欧風のロッジは、映画の中に出てくる寄宿舎のよう。緩やかな斜面で子どもたちは駆け回って遊び、雪の積もる冬場はソリやスノボーで遊ぶ。キッチンに続く食堂兼集会室のスペースで、宿題をする子たちも確かにいるのだけれど、記憶の中にいる子どもたちはいつも楽しそうに駆け回っている。

子どもたち十数人に、子どもたちの面倒を見る大学生のお兄さんお姉さんが数人、キッチンでご飯を作ったり、洗濯や掃除などの面倒を見たりする大人チーム三〜四人の大所帯だ。一〇日から二週間ほどの保養キャンプの間の二〜三日、短い日程だけれど、私は何度か子どもたちのご飯番の手伝いとしてボランティア参加した。

朝ご飯、昼ご飯、夜ご飯。数日しかいられないので、私はなるべくたくさんの惣菜の作りおきをしたくなってキッチンに居続ける。

ゆきちゃんとつながりのある農家さんからいただいたり買ったりしたたくさんの野菜は、ひんやりする半地下の保存庫に山積みになっていた。大きなボウルを持って降り、じゃがいも、人参、玉ねぎ、大根、ごぼうなどの根菜類、白菜やキャベツなどの葉ものを、選び放題に抱えてキッチンに戻る。大変だけど、ものすごくワクワクする。好きなものを好きなだけ作っていいのだ。

じゃがいもは数日分を山盛りに茹でておき、一部はポテトサラダにし、マッシュポテトにしてもいいし、甘辛煮にするのもいい。人参は乱切りにしてツナと炒めて甘辛醤油味にし、おろしニンニクにコチュジャンも少し加える。ご飯にも合って子どもたちへの受けもいい私得意の人参炒めだ。白菜はザクザク刻んで塩をして保存袋へ。こうしておけば簡単な即席漬けとしてすぐ出せるし、サラダや炒め物もできるし、発酵白菜として鍋やスープにもなる。ごぼうはきんぴらか素揚げかな。素揚げごぼうをポン酢醤油で和えるのが大好きだ。山盛りの野菜たちをひんやり倉庫からキッチンに迎え入れて土を落として、刻んだり下茹でしたりしておくだけで、「よーし次の二〇人分、いってみよー」という気になるものだ。なんだか料理マシンのように、すっかり止まらなくなる。「なるべくたくさん作りおきたい」「野菜をたくさん面倒みたい」「なにかしらあるから大丈夫よ」「ご飯さえ炊けばなんとかなる」と忙しい大人たちに思ってほしいのだ。

クリスマスのメイン・メニューは、ビーフシチューにした。大きな赤身の塊肉は解凍に二日かけ、カットしてワインや香味野菜と合わせて下味を付けて二日おき、じっくり煮込んで柔らかくしてからじゃがいもや玉ねぎ、ソースと合わせてようやく完成。子どもたち、よく食べた。あんなに大きな塊のお肉が足りなくなるかもしれないなんて想像もしなかった。ビーフシチューで、こんなにたくさんご飯のおかわりをしてもらえるっていうのも想定外だった。

デザートは、ケーキの差し入れもあったけれど、マーブルチョコやスティックチョコ、小さなシュークリームや粉糖やホイップクリーム、ナッツやドライフルーツを用意して、一人一つずつの小さなマフィンに、子どもたち自身が好きにデコレーションする、というイベント仕立て。白い皿に子どもたちが思い思いに飾り付けた可愛い小さなクリスマス・ケーキができ上がった。わいわい言いながら自分の好きな甘いものを好きなように好きなだけのせて、それを見せ合いながらみんなで食べるって、やっぱり特別でしょ？

地元の料理屋さんからは、毎年恒例で大きなマグロの頭と中骨が届く。それも三、四つずつ。骨と言っても一m近くある。頭は子どもたちの頭より大きいくらい。食堂の大きなテーブルに敷いた新聞紙の上に置いた骨と頭、子どもたちは銘々スプーンを握りしめて、中落ちや、頬肉やエラの下の肉を削り取るのだ。男子、俄然萌える。茶碗に山盛りにした炊き立てご飯の上にマグロをのせて、醤油をかけて豪快にかきこむ。これはもう、世界一美味しいマグロの食べ方じゃないかしら。海洋狩猟民の血が騒ぐ。

大きなマグロの口の中に舌を見つけた男子がいる。

「俺たち、これ、食べたいです。焼いてください！」。男子数人、熱いまなざしでキッチンにやってくる。

たくましすぎるマグロ王たち！

年始にものすごく高い値段で競り落とすマグロ社長よりも、ずっとずっとマグロ愛に満ちているじゃないか！

あるとき、その保養キャンプ主催者であるゆきちゃんは、〈子どもが作る子ども食堂〉を企画した。年々少なくなってきているという小樽の市場の一つ、その市場の中のお店も多くがシャッターが降りているその一つのお店のシャッターを開けて、一日子ども食堂。それも子どもが作って、facebookで知らせを受けた大人たちが食べに来るという食堂だ。子どもたちは班に分かれて何を作るかなどのミーティングを重ねた。俄然、張り切っている。

そして、当日だったか前日だったか、キッチンにいた私のところに数人の子どもたちがやってきた。「僕たち、食堂でチャーハンを作るんですけど、作り方を教えてください」。ええっ、得意料理だから決めたのかと思ってた、大丈夫なの、間に合うの？「作ったことはあるんですけど、忘れちゃって」と六年生男子。「リーダー、頑張れっ！」と、これは班の最年少女子。材料のひき肉は買ってもらってあるそうだ。ご飯は五升炊きの釜に結構な量が残っている（朝炊いて、いつもなら昼ご飯用にするもの）。

まずは、班のみんなで人参の皮を剥いて刻み、長ねぎやキノコも刻んで具の用意をする。

「じゃ次は、リーダーが私の隣で同じようにしてね」。中華鍋をお互い一つずつ持って並んでガス台の前に立つ。油を熱してひき肉、人参、キノコを炒め、味を付けて取り出す。まず具材だけを先に全部炒めておく作戦だ。

次に卵を溶きほぐす。「中華鍋に多めの油を入れて熱するよ。卵液をほんのひとたらし入れてみて。そうジュワッとすぐ浮き上がってきたでしょう?よーし、卵を一気に入れるよー。じゅわじゅわじゅわと膨らんできたら混ぜて、ご飯を投入。続いて具を入れてほぐしながら炒めて、塩とコショウ、最後に鍋の真ん中を開けてそこに醤油をじゅっと入れます。醤油のいい香りがしたら全体に混ぜて、さあーーてってでき上がりっ!」。

でも、どう考えても、〈子どもが作る子ども食堂〉で、オーダーごとに作るのは無理だと思えた。では、ジャーハン! ということにして、作ったチャーハンをどんどん保温ジャーに入れて持っていくことにしよう。チャーハンじゃなくて、ジャーハンになった。

ジャーハン一杯二〇〇円、オーダー後すぐに紙のボウルに入れてお客さんに手渡されるので、その早さもあって大人気のうちに一番で売り切れた。

「チャーハン、売り切れましたー」。宣言するリーダーも班のメンバーも、誇らしげだった。

ちなみに〈子どもが作る子ども食堂〉のほかのメニューの一つ、一杯ずつ淹れてくれるコーヒーが、オーダーした私のもとに届いたのは一時間後。カップに入った麦茶色の液体は、味もちょっと麦茶のようだった。ネルドリップにこだわったんだけど、いつコーヒー豆のカスを替えたらいいのかわからなかったそう。私とゆきちゃんは今もその麦茶コーヒーを笑いのネタにしている。

子どもたち、自分たちで稼ぐ、作ったものを食べてもらう、褒めてもらう、そのことが嬉しかったんだろうな。自分たちが食べるのも嬉しいけれど、食べてもらうのも稼ぐのも嬉しい、子どもたちみんなが萌えた子ども食堂だった。

子どもたちと作ったひき肉チャーハン

そういえば私、今から三〇年近く前に、弁当屋の雇われ店長をしていたことがある。その弁当屋ではご飯が多く余ると冷凍してとっておいた。その冷凍ご飯を閉店間際に冷蔵庫に移しておく。翌朝、冷蔵庫で解凍されたボロボロとほぐれるご飯をほぐしてから、大きな中華鍋で炒め続けてチャーハン弁当を作った。苦し紛れのこの方法は、〈チャーハンをパラリと仕上げるコツ〉の有効な一つの方策でもあった。炊き立ての温かいご飯で作るふっくらチャーハンもありだけれど、この否応なくパラパラに仕上がるチャーハンもときどき懐かしくなる。

〈チャーハンの素〉

材料／４～５人分

豚ひき肉…200 g

ニンニク・生姜のみじん切り…各大さじ1/2

人参…1/2本

しいたけ…３枚

長ねぎ…15㎝

油…大さじ１

A
- 酒（あれば紹興酒）…大さじ２
- 鶏ガラスープの素…小さじ１弱
- 塩…小さじ1/3
- コショウ…少々
- 醤油（またはナンプラー）…小さじ2～大さじ１

作り方

1　人参としいたけ、長ねぎはそれぞれ粗みじん切りにする。

2　中華鍋またはフライパンに油とニンニク・生姜を入れて香りが立つまで中火で熱し、ひき肉を入れてほぐしながら炒める。

3　肉の色が変わったら、人参としいたけの順に加えて炒め、**A**の調味料を加えて炒め合わせ、最後に長ねぎを加えて混ぜる。

＊このチャーハンの素は、作りおいてオムレツにしたり、野菜炒めのベースにしたりもできる。また、ひき肉の代わりに、細切りにした薄切り肉やチャーシュー、エビなどで作ってもいい。

〈チャーハンを作る〉

材料／２人分

ご飯（温かいものか、または、62頁のようにパラリとほぐした冷や飯）

…400～500ｇ

卵…１個

油…大さじ1と1/2～2

醤油…小さじ2

63頁のチャーハンの素…1/2量

作り方

1 卵を溶きほぐす。

2 中華鍋またはプライパンに油を入れて中火でよく熱し、卵液を一気に流し入れる。フワッと浮き上がってきたら大きく混ぜて、ご飯とチャーハンの素を加えてほぐしながら炒め合わせる。

3 全体が温まったら、鍋底の中心を開けてそこに醤油を加え、ジュワッと煮立ててから全体に混ぜる。

いのちが育むものを食べる

蕎麦屋の牡蠣

なんでこんなぐにゃっとしたものを大人は好きなんだろう？　子どもの頃は思っていた。牡蠣なんて、全く意味わかんないよって。なんとか食べられるのは唯一貝柱の部分だけだったたし、当時、母がよく作ったのが酢牡蠣だったから、子どもには余計ムリムリだった。だって苦手な酢と牡蠣だもの、掛け算のできない子どもにだって苦手×2の牡蠣は、大人七不思議の一つくらい、謎の食べものだった。

それが今ではすっかり好き、好きを通り越してちょっと特別な食べものと言ってもいいくらい。今日も久々の外食でカキフライ、食べました、ふふふ。大人になるって捨てたもんじゃない。

介護付きの病院にいた父の車椅子を小さな車に押し込んで、ときどきドライブに出かけた。公園を車椅子で散歩したり、ぐるりただ車を走らせたりした帰りには、よく荻窪にある本むら庵という蕎麦屋に行った。美味しい大好きな蕎麦屋だったけれど、何よりありがたいのは、お店の隣に駐車場があり、入り口にはスロープもあることだった。店内もちょうどいい広さ、椅子を一つよければ車椅子のままテーブルにつけるのもありがたい。蕎麦好き酒好きの父に、升酒と小さなつまみを何品か注文してから蕎麦を食べるのが、季節ごとの楽しみになった。冬の始まりのある日、蕎麦の前に焼き牡蠣を注文した。私が父の隣に座り、妹が向かいの席。ふっくらと焼けた牡蠣を食べた瞬間、父の顔に感嘆符〈!〉が浮かんだ瞬間を私と妹は、しっかりと見たのだった。ああ、人って〈美味しい!〉と思ったときにはこんな顔をするのだなあ、とびっくりして、つられてなんだか嬉しくなった。穏やかながら認知もあった父、顔に驚きの表情を浮かべたまま無言で、すぐさま二つ目の牡蠣に箸を伸ばした。言葉で味を言うよりも何倍もよくわかる父の感動に伝染して、私と妹、幸福で笑いだしたこと、牡蠣を料理するたびに思い出すのだ。

くいしんぼうを顔一面に浮かべた幸せそうな父の表情は、秋のまん中で満月みたいに光っている。

牡蠣の松前焼き

蕎麦屋では、熱された分厚い石板の上にほかほかと、ぷっくりした牡蠣が並んで出てきたのだった。それをフライパンでもできるようにと考えて、だし昆布の上にのせて蓋をして蒸し焼きにすることにした。だし昆布は、だし汁をとって引き上げたものを冷凍してとっておき、それを使うこともある。さっとすすいで霜を落としてから使う。父の牡蠣好きを知ってから、私のうちで年越しを一緒にするときの正月の雑煮も、牡蠣を使うことが多くなった。なんだか懐かしい。もっともっと食べてもらいたかった。

材料／２人分

牡蠣…６粒

だし昆布（7cm×10〜12cmくらい）…２枚

塩・酒…各適量

好みで醤油・刻みユズ…少し

作り方

1 牡蠣をボウルに入れて、塩小さじ１~2杯を振って水も少し加える。指先で、水分が黒っぽくなるまで優しくぐるぐると回し、汚れとぬめりを落とす。水を加えてすすぎ、牡蠣を引き上げて、もう一度水ですすいで、ざるにあげて軽く水気を切る。

2 昆布の表面に酒を塗り、牡蠣を３粒ずつのせる。そのままフライパンに並べ入れて、水を大さじ4〜5加えて蓋をして、弱めの中火にしながら、牡蠣がふっくらとするまで５〜６分を目安に蒸し焼き。火を止めてそのまま２〜３分おいて皿に盛る。

3 刻みユズを散らし、好みで醤油をほんのひとたらしして熱いうちに食べる。

ゴマを擦る、豆腐を潰す

女友だちは白和えが好きだ。私もそうだ、かなり好きだ。でもそう言えるようになったのは三十代くらいからじゃなかろうか。もしかすると四十代以降？まず、中学高校の頃は肉だった、パスタだった、ケーキやスイーツだった。ハンバーグにカレーにラーメンだった。

少し大人の階段を登って、「アボカド大好き、美味しいよね？　アボカドとエビのサンドイッチ、サイコーだね」なんて言うこともあったかもしれないけれど、白和えの存在はほぼ圏外だった。子どもだった頃、私の母が白和えを作ったかどうかを覚えていない。昭和の時代に白和えが晩ご飯として登場する家は、おそらく三世代住まいで、おばあちゃんが作ってくれたものじゃなかろうか。

なぜといえば白和え、煮魚や生姜焼きと違って、メインは張れないのに手間は十分にかかる料理だからだ。母親が働いている核家族家庭で、白和えを用意するのは難しかったのじゃなかろうか。母さん、苦労かけました。

▽豆腐の水切りをしておく。

▽具材を用意する。例えば今日、私が作った白和えの具材は、人参、干ししいたけ(たまたま戻してあった)、タケノコ(茹でて水につけて保存してあった)、利休生麩(三〇%オフのセールになっていたので買って、冷凍庫に三週間近くほうっておかれた。そろそろ使わないと、と思って数日前に冷蔵庫に移してこれまたそろそろ使わないとアブナイと思い、迷った末に白和えに入れることにしたのだ)。これらを刻み、煮汁を用意して煮る。

根性が続かないと思ったので市販の白だし風のつゆの素を使った。砂糖としいたけの戻し汁、醤油少しも加えた。一〇分ほど煮てから、ボウルにざるを重ねたところにあけて、汁気を切って冷ましておく。

▽もう一つの具材、ほうれん草を茹でて水にとり、水けを絞って切る。ほんの少し、醤油を振って下味を付けておく。

▽煎りゴマを擦り鉢に入れて擦る。ゴマを煎り直すかどうかは、三〇秒ほど悩んだ。時と場合によっては、小さなフライパンに入れて軽く煎り直すが、今日は、タケノコに干ししいたけに生麩だ、もう十分じゃないか、そう思ったのだ。ついでに言えば、ゴマをいつも使う小さなゴマ擦り器で軽く擦って、ボウルで和えようかとも迷ったけれど、ここは洗い物一つにしよう、と思って擦り鉢を出した。

▽擦りゴマに水を切った豆腐を入れて滑らかに潰し混ぜて具材を入れる。ほうれん草も入れて和える。味をみて、塩や具材の煮汁などで味を調えた。

白和え、やっぱりばあちゃん料理なのかもしれない。プラモデルを作るように各パーツパーツを組み立てて下準備して、最後に合わせる。タケノコや干ししいたけは、それぞれ無目的に下準備してあったから冷蔵庫に揃っていたのだ。

やっぱり時間と心に余裕がないとそうそう作れるもんじゃない、のかもしれない。いや、そうでもないか、もう少しシンプルな具で作ることだってあるし、あまった煮物を刻んで豆腐衣を纏わせたりもするから。でも、そうは言っても副菜だ、ガッツリ好みの男子にウケるかどうかは賭みたいなものだ。

白和え、きっと昔はお祭りのときなんかの、山の御馳走だったんじゃないかと改めて思う。ＤＮＡの中にある記憶を引き出されるような、ツボを押されるような御馳走だな、と。

私も女友だちたちも、何層にも手間を重ねたところに共感しちゃうのかもしれない。それぞれの素材の持ち味にていねいに接してそれを合わせた感じ、でも控えめ。

キッチンカウンターの両サイドに立ったまま、終わらないおしゃべりをし続けながら女同士で食べている、白和え。

定番　白和え

「白い食べものはよくない」と言われるたびに、えー、じゃあ豆腐はどうなんですかっ、と思うのだ。そもそも白和えのベースの豆腐自体、なんとも手間を重ねて作られた食べものだ。大豆を戻して挽いて水を加えて温めてにがりをうって固める。あのやわやわと柔らかい豆腐が既に、十分な労力に支えられて賄われたもの、もうそこから既にして御馳走なのに、合わせる具にもそれぞれ手間をかける。すごいなあ、白和え。

材料／作りやすい分量　4～5人分

木綿豆腐…1丁（300g）
人参…小1本（約100g）
こんにゃく…1枚（250g）
しいたけ…4枚
ほうれん草…小1束（150g）

A
- だし…1カップ
- 砂糖（きび砂糖や三温糖など）…大さじ1
- 醤油・みりん…各大さじ1と1/2

B
- 白煎りゴマ…大さじ5
- 砂糖（きび砂糖や三温糖など）…大さじ1と1/2
- 塩…小さじ1/3
- 醤油…大さじ1
- 好みで昆布茶…小さじ1/2

作り方

1 豆腐は耐熱皿にのせ、レンジで600W・2分加熱し（ラップなしで）、上に重ための皿などをのせて20分おいて水切りをする。

2 人参は3cm長さの拍子木切りに、しいたけは軸を落として薄切りにする。こんにゃくは厚みを半分に切って、人参同様に拍子木切りにする。

3 **A**とこんにゃくを小鍋に入れて煮立て、人参としいたけを入れて混ぜる。強めの中火で煮汁がなくなるまで煮て、最後は火を強めて煮汁を飛ばす。バットなどに広げて冷ます。

4 ほうれん草はざく切りにしてポリ袋に入れ、袋の口を下に折りこんでレンジで600W・1分半加熱して水にとる。水気を絞って醤油小さじ1（分量外）を混ぜる。

5 擦り鉢に煎りゴマを入れて擦り、残りの**B**の調味料を入れて混ぜる。豆腐を入れ、擦り混ぜる。滑らかになったら、**3**、**4**の具を入れて和える。

＊擦り鉢がなかったら、擦りゴマを使ってボウルなどで和えると良い。

＊＊豆腐の水切り→材料の下準備→具の調味→和える、という手順をおぼえて順に用意すると、スムーズにできます。

自分のために作るということ

「実は……というほどのことでもないのですが、夫は単身赴任が六年も続き、娘は徒歩圏とはいえ嫁いで五年、息子と二人暮らしが長かったのですが、その息子も一月末に一人暮らしをするために家を出て、二月の頭から『人生初の一人暮らし』をしているところでして。

気楽と言えば気楽なのですが、息子が出て行ってしばらくはご飯を作る気がせず、でき合いのお惣菜で済ますことが増えました。

それに飽きると今度は鍋物の連続。野菜もたっぷりとれるし、毎日、新しい具を足していけば変化もつくし……。一か月ぐらいして、ようやく『何か作りたい』と思うようになり、最近は少しずつ台所に立つ時間が増えてきました。

生まれて初めて『自分のためだけに作るご飯』は、家族の好みを考慮せず、好き勝手に作れるのでそれはそれでなかなか楽しいです！　野菜をいつでも簡単にとれるように、と野菜の簡単漬けを始めました。

今、冷蔵庫にあるのは『長芋の梅酢漬け』と『かぶの梅酢&梅サワー漬け』『いろいろ野菜のピクルス』（毎年、青梅を酢と砂糖で漬け、うちではそのドリンクを梅サワーと呼んでいます）。

蒸したニンニクの酢漬けは発想にありませんでしたが、今日、作ってみようと思います」。


長い付き合いの仕事仲間からのメールだ。いいでしょう？

しっかりした家族のカナメ、いいお母さんだったんだろうなあ。気持ち、すごくよくわかるよ！　うんうん、と大きくうなずきながら読んだのだ。

私は、ときどきのボーイフレンドとくっついたり離れたりを繰り返しながらも長い一人暮らし、子どももいないし状況はまるで違うのだが、よーくわかるっ、すごくよくわかるよっ、と思ったのだ。なんだか現代版〈女の一生〉を見ているみたいな気がして、感動しちゃった。

家族のためのご飯を作りつづける。初めは結婚したての二人暮らしかしら、子どもが生まれて母乳かミルク、生まれたての赤ん坊のすごくいい匂い、ミルクの甘い匂いを嗅ぎながらおしめを替えたりして、おしっこにもうんちにも慣れていく。離乳食が始まって、かぼちゃを食べた、卵を食べた、ご飯を食べた、歯が生えた。少しずついろいろなものを食べてもらって、食べてもらえなくて、その度ごとに喜んだり苦労したりしながら、年齢に合わせて食べられるものを変えていく。幼稚園はお弁当かな、夫は料理を作ってくれる人だろうか、それとも掃除係かな、何もしてくれないなんてありえないけど、あんまりきれい好きすぎて細かく言う人も嫌だなあ。

広がる広がる妄想。

料理家、長くやってきた。お弁当も子どもも受けのする料理の数々も、家族で囲む鍋料理も酒の肴も、女の子と一緒に作るバレンタインチョコも、成長期男子の好きなガッツリ食べものも、安いも早いも旨いも全て網羅してきた。その度に、いろいろなキッチンにいるいろいろな作り手たちの暮らしを想像してきた。

そんな中、同年代の女たちが子育てを卒業して〈自分のためのご飯を作る〉状況に出会った訳だ。

お疲れ様です。もう、家族の健康も時間のやりくりも考えなくっていいんですよ。長く会社勤めをしてきた人の定年というのも、こんな感じだろうか。子どもたちの学校の卒業だったら、次のステップに飛び出していくみたいな感じだけれど、大人の卒業はもうちょっと、〈寂しい率〉が高いだろうか。未来を見るというより、残りの時間を計算しながら新しいステージに上がる感じ？

ふと思い出した。大好きだった料理の師匠の阿部なをさんは、一緒に住もうというお子さんたちのお誘いを断って、八十歳の一人暮らしをしていた。

「もし子どもたちと一緒に住むとするでしょ？　ゴミ出しは絶対私がするんじゃないかっていう気がするのよ（笑）。これまでずうっと子どもたちを面倒見てきたんだもの、もう一人で好きに住むわよ」。

そんなふうにおっしゃって、私、いいなあ、と思ったのだ。みんなを育ててきて育てられてもきて、それを卒業して、自分のために生きる。自分を養うために料理を作る、素材と向き合ったり、いろいろ思い出したりして、ちょっと笑ったりうるっとしたり。

一人ずつの女たちよ〈男たちよ〉、お疲れ様、自分を大事に、自分を全うする気持ちとともに楽しんで参りましょ！

高野豆腐と野菜の揚げ煮

なんだかすごくめんどくさい料理なんです、ごめんなさい。派手さも全然ないし、男性ウケも子どもウケもまるで期待できない、でも、だからこそ自分のためだけに作りたくなる料理でもあります。たっぷり作りおいて、二、三日「うふふふ」とほくそ笑みながら食べ続けます。

レシピ　高野豆腐と野菜の揚げ煮

材料／4人分

高野豆腐…6枚
かぼちゃ…1/8個
ごぼう…1/2本
レンコン…小1節（約150g）
醤油・みりん
…各大さじ1と1/2
片栗粉…大さじ3〜4

A
- だし…1カップ弱
- 醤油・みりん…各大さじ1と1/2
- 砂糖…小さじ2
- 酢…大さじ1

白煎りゴマ
揚げ油…適量

＊Aの代わりに、市販のめんつゆを使って、ズルをすることもあります。

作り方

1 ごぼうは洗い、2㎜厚さの斜め切りにし、水に3分ほど放つ。ざるにあげ、水気をペーパーなどで押さえる。かぼちゃはタネを取り、7~8㎜厚さの食べやすい大きさに切る。レンコンは皮を剥き、7~8㎜厚さのいちょう切りにする。高野豆腐は熱湯にひたしてふっくらと戻し、水を加えて粗熱をとり水気を絞って半分に切る。

2 **1**をボウルに入れ、醤油とみりんをからめる。片栗粉をふり入れ、全体にまぶす。

3 フライパンに揚げ油を深さ2㎝ほど入れ、強めの中火にかける。**2**の1/3量を重ならないように広げて入れ、油が温まって野菜から気泡が出てくるようになったら中火に落とす。そのまま170℃程度の中温を保ちながら片面3~4分ずつ揚げ、出てくる気泡が小さくなったものから引き上げ、油を切る。同様に残りも2回に分けて揚げる。

4 フライパンから残った油を取り除いてペーパーでさっとふき、**A**の調味料を入れて煮立てる。**3**を加えて全体を混ぜてからませ、仕上げに白煎りゴマをふる。

強い味　弱い人

細い路地にあるお惣菜屋さんに、以前から入ってみたかったのだ。私も名前を知っている料理人さんが出したお店だったはず。でも、何度目かに通りかかったときは、名前が看板から消えていた。どうなさったのかな、若い方に譲ったのかな。今回看板をじっくり見ると、おや結構お買い得な感じ、それでもちょっと緊張して入ってみると、店の棚上にはお弁当がいくつか並んでいた。よし、これにする！

家庭料理を作るという仕事柄、でき合いの食べものを買うことに少し抵抗があるのだ。いいの私？　作らないの？　みたいな感じがするから。

でも、お惣菜を買う楽しみっていうのはあるなあ、買ったものを食べるっていうのは、自分で作るのと同じくらい楽しいなあ。なのになぜ、自分を縛っちゃうんだろう。盛大に買い食い、大人買いしたっていいじゃないか。

ちょっと余談ですが、まさに本日、友人伊藤比呂美が泊めてと言ってやってきて、「いま品川駅にいるから、前から猫ちゃん（と私は呼ばれている）が言っていたいなり寿司買っていくよ、ほかに何を買ったらいいか」と言うので、品川駅で買うといいものをラインに列挙したのだ。しばらくして伊藤、現わる。数種類あるいなり寿司は、一択でわさびいなりだと前々から私言い募ってきた、そのわさびいなりが一〇個、ごぼう入りとアサリ入りもおまけで各一個、なすとエリンギの南蛮風の惣菜、某有名店のハンバーグなどなど。そこにうちの冷蔵庫の残りものが加わって、女二人で即席の晩餐だ。ぱかん、ぱかんとパックを開けて温めたり、皿に移したり。ここのいなり寿司はあーだこーだ、揚げたなすってやっぱりサイコーだ、とか、どうでもいいようなことをただしゃべるのが嬉しかった。自分で作ったものを食べてもらうときとは違う気楽さに華やいだ。

もう一つ余談です。仲のいい友人があるとき、すごくお腹を空かせてうちにくるとメールをよこす。冷蔵庫、冷凍庫の中でその人が好きそうなものを見繕って、簡単なもの、すぐ出せるものを順に用意し始める。これでなんとか凌げるな、と思った頃にやってきた友人、電車の中で缶のハイボールとつまみを食べたら少し落ちついたのだと言っている。

「で、これをあんたに食べてもらおうと思ってさ」と言って、仕事先でいただいたというものすごくていねいに作られたお弁当の蓋を開ける。ヴィーガンのお弁当だけれど、竹皮で編んだ器に入っているのは、懐石風のちらし寿司だった。綺麗なだけでなく、見るからに良く考えられ手間をかけて作られた食べものだとわかる。もしかすると蓋を開けたらあまりにいいお弁当だったから、一緒に食べようと手をつけずに蓋を閉じてくれたのかしら。私だったら、新幹線の中で空腹に耐えられずにお弁当を食べちゃっていたかもしれない。

誰かが作ってくれたものを誰かに食べさせたい、という気持ちがいくつか重なって私のテーブルにまでたどり着いたのだな。ありがたいなあ。

今回の話のきっかけにようやく戻ります。

初めて入ったお惣菜屋さんのお弁当六八〇円、これはこれで一人で食べるのが残念なくらい美味しかった。私には和食の味付けにコンプレックスがあって、長いこと正統和食は難しいものだと思ってきた。雑念を削ぎ落として精神性を高めていくもの、みたいな感じがして、自らの無知を恥じて師の技の前にひれ伏してしまうようで（オーバーですね…）、いざ自分で作ろうとすると気後れしてしまう感じだった。

それがそのお惣菜屋さんでは、和食の道を極めたという遠いところではなく、家庭料理まで降りてきてくれて、値段ともども随分と親しみやすかったのだ。味付けがとても上手だった。濃くなく薄くなくのいい塩梅。このちょうどいい感じ、っていうのが難しいんですよっ、と私、思ったのだ。

例えば大好きなフキの料理だ。噛むとさりさりと音のするフキは大好物の素材、見かけるとどうしても買わざるを得ない。でも、和食の料理本にあるような緑美しい煮上がりにはどうしてもならないのだ。アクを抜きながら茹でて、皮を剥いてからは、火にかけずに煮汁に漬け込むだけなのかもしれない。今の私は、さっさと食べたいので茹でてからサラダにすることが多くなった。塩と昆布茶と酢とオイル、酸味が入るので、淡味の煮物と違って、パンチが効いちゃうのだ。強い味になる。

サトイモもそうだ。小料理屋さんのカウンター越しにすっと差し出される小鉢のサトイモの煮物は、謎の一品だった。六方剥き、下茹で、完璧な煮汁で作る、煮っころがしといいながら美しい佇まい。サトイモよりはじゃがいもの登場回数が多い家庭で育った私だ、サトイモとの付き合い方がよくわからずに、下茹でするときにあわあわと出てくる粘りにビビったりしていた。でも、その後サトイモ農家の人に教わった、皮を剥いたサトイモを直に砂糖多め、醤油ガチ煮汁で煮る煮方に、これでいいのか、とびっくりして嬉しくなった。家庭料理はこれでいいのだ、と肩の力が抜けた。でも、それはやっぱり、サトイモの煮物でご飯を食べられるような、強い味なのだった。

〈ちょうどいい味加減〉をちょっと通り越してしまうその私のわけを考えていたのだ。家庭料理でご飯のおかずだから、という理由ももちろんあると思うけれど、それ以上に気が弱いから、というのがあるのじゃないか。大丈夫かな、これでいいかな、薄いんじゃないかな、どうかな、もうちょっとかな、とやっているうちにだんだん濃くなっていくのだ。たまにすごく自信を持ってすすっと料理をすすめられるようなときは、ぴしぴしっと味が決まる。でも、普段はなかなかそうはいかない。

このつい濃いめ強めの味になってしまう自分のことを、今ではハラスメント言葉に違いない〈醜女の深情け〉だと自虐的に思っていた。さすがに〈シコメ〉という言葉が言えないときは、〈悪女の深情け〉と思うときもあった。いずれにしろ、大丈夫かしら、これでいいのかしら、と心配しすぎる、過干渉気味の味付けになりがちだったということ。

でもだんだん、わかってきた。「これでいいのか」と迷うところから「まっ、いいかっ」と手を離すことが早くなった。作るものが「どう思われるか」に捕まって濁ることが少なくなってきた（ちょっとカッコよく言い過ぎだけれど）。

要するに歳をとったということなんだろう。年季が入ってきたのだ。ただ、どんなことにも一長一短があるように、歳をとったことで力技みたいなものをなくしたりもするんだろう。まっ、いいかっ。それぞれのときにそれぞれの味。

強い味　弱い人

好きなものを好きなように作る一品

そう言えば私、料理学校にも行ったことがなく、師に教えを乞うたこともなく、なんとなく〈料理研究家〉というものになってしまったのだ。基本がなっていない、料理的常識がない。何せ大学時代に初めて切り干し大根を煮たときには、戻してから煮ることすら知らなかったのだ。そうか、もう好き勝手にやっていくのだ。おおらかに自分の好きを通して、好きなものを好きなように作ることにしよう、そんなふうに思ったりシテオリマス。

〈サトイモと鶏肉の煮物〉

材料／４人分

サトイモ…600ｇ（大6〜7個）
鶏もも肉…大１枚（約300ｇ）
生姜…1かけら（千切り）
A
- 酒、みりん…各大さじ2〜2と１/２
- 醤油…大さじ３
- 水…1/２カップ

細ねぎ…好みの分量

作り方

1 サトイモは皮を剥き、一口大に切る。鶏肉は脂肪と筋を除き、一口大に切る。

2 鍋にAを煮立てて、生姜、鶏肉、サトイモを入れ、落とし蓋と蓋をして中火で10分煮る。

3 上下を返して様子を見て、弱火でさらに5〜10分煮る。トータルで20分を目安に煮る。

4 器に盛り、小口切りにした細ねぎをちらす。

*煮汁の分量は少なめですが、思ったよりもサトイモから水分が出ます。鍋によって水分の蒸発量が違うので、最後のほうは焦げ付かないよう、様子を見てください。

〈フキのサラダ〉

材料／４人分

フキ…300g
油揚げ…１〜２枚
A
- 塩…小さじ１/３
- 米酢・ユズの絞り汁…各大さじ１〜１と１/２
- 太白ゴマ油…大さじ２
- 昆布茶…小さじ１/２

塩…適量

作り方

1 フキをさっとすすぎ、塩を振って板擦りする（まな板の上で転がす）。フライパンなどの間口の広い鍋に入る長さにフキを切る。湯を沸かしてフキを入れ、3分を目安に茹でて冷水に取る。

2 フキの切り口から2〜3㎝長さまで皮を剥いて、それを集めてシュッと全体の皮を剥く。3〜4㎝長さの斜め切りにする。

3 油揚げはフライパンに入れて両面をカリッと焼き、食べやすく細切りにする。

4 Aをボウルに入れてフキと油揚げを入れて和える。

痩せたいと食べたい

私、ここ一か月で一kgくらい太った。半年くらい前に比べると、一kg半〜二kgほど大きくなった。ヤバいっ！

でも、去年病気がわかって（治し方がわからないと言われた間質性肺炎という病気です）、その頃はやはり体調がかなり悪くなり、二〜三kgパタパタと痩せたせいで、痩せることと太ることをこれまでとは違う意味合いで考えるようになった。

もともと私はぽっちゃり家系。子どもの頃からぽっちゃり、十九、二十歳の頃は「まんまるトマトみたいだねえ」と言われたりしていた。一貫してこれまでずうっと、平均体重とか中肉中背とか八号サイズとかとは無縁の人生を歩んできた。だからこそと言うべきか、体型をとやかく言うことをよしとせずに生きてきた。だってそれ、ハラスメントの一種だもん。

あるとき友人がプリプリ怒って言った。「聞いてよ、○○がね、会うたびに太ったねって言うのよ、もうアッタマきちゃってさあ」。そうなのだ、人はつい仲のいい人に向かって、太った痩せたを言いたがる。でも人に言われなくたって、そんなの自分が一番わかってる、毎日、新たにわかり続けてもいる訳なのだ。

それでもやっぱり、太めであることをあまり気にしない私でもちょっと痩せたりすると、なんだかすっきりさっぱりする。持っている服が似合うような気がしてくる、体が軽くなる。だからこそ、これまでの人生ずうっとダイエットのトライ&エラー〈ほぼエラー中心〉を繰り返してきた訳なんです。

長い長い前置きになったけれど、痩せたいご飯を考えようと思ったのだ。

本日私は、朝起きてすぐに体重計にのった。よしよし五〇〇g昨日より減っている。これは昨日、炭水化物を抜いたせい。糖質オフに関しては本当に思うところいろいろあるが、ひとまずおいて目的達成に進む。ちなみに私、自分の体重は絶対誰にも言わずに墓場まで持っていくつもり。

午前中歯医者に行って、一時間ほどお使いをしながら歩いて帰り、レタスときゅうりなんかのサラダ野菜を買ってきた。病気して以来、なるべく有機野菜を選ぶようにしている。それに仲良し農家さんから届いた野菜もまだ残っている。ジャーサラダを作ろうと朝から決めていた。

まず、ジャーサラダの説明を。

瓶詰めにしたサラダのこと、おしゃれな料理という扱いで数年前に流行った。大流行というほどではなかったが、私も本を一冊作った。そしてそのうち、密かに忘れられた。

密閉瓶の底にまず、塩、酢、油などのドレッシングの基本調味料を入れる。好みで蜂蜜少しに、ハーブやスパイスなどを追加して、その後、順に彩りよく野菜を詰めてでき上がり。蓋をして密閉して冷蔵庫に置けば、ゆうゆう一週間は日持ちし、皿にあけて混ぜればすぐにサラダが完成。かなり優秀な作りおきだと思うが、それほどのヒットにはならなかった。一部マニアなファンがついたけれど、残念、アイドルにはならなかった。

さまざまなものが流行っては廃れていく。なんだかなあ、とも思うが、でも考えてみれば新しいものが出てくるおかげで、新鮮な風とともに料理界に元気が吹き込まれるとも言えるわけで。この辺りも、思うところ、迷うところ、いろいろある。塩麹も甘酒も、塩レモンも流行っては廃れた。でも、私個人では継続中、継続どころか作り続けてどんどん面白みを増している。この辺り、梅干しや漬物と同様、食の文化方面を担う奥深さがあるからこその面白さなんだな。発酵や熟成、これはやっぱり断然面白い（脱線しました）。

かたや〈イマドキ〉部門を担当する流行りの食は、最先端情報から始まってあっという間に感度高くアンテナを伸ばしたコンビニにたどり着く。話題作りに余念がない。ジャーサラダも、うまくしたらその部門に参入するかと思いきや、何せ瓶詰め。ガラス瓶は重いだけでなく瓶の値段も意外に高くて問題、しかも野菜を美しく重ね入れるのは結構な職人技で、残念ながらコンビニ進出は敗退した。

脱線に次ぐ脱線のままついでに線路を飛び越えるように進めば、〈糖質オフ〉も流行っては廃れまた流行り、一部に嫌われ一部に定着という感じ。私自身で言えば、あまり仲良くなれない知り合いのような。かなりデキるやつ、とわかっていても、うーん、なんていうかタイプが違う。私もうちょっと鈍臭く生きていくタイプなんですよ、みたいな感じ。でも、その自分の言葉が言い訳のようで、それはそれでなんだかなあ、とも思っちゃう。隣にいると自分の奥深くしまったコンプレックスが炙り出されるような〈シャープなキレもの〉それが〈糖質オフ〉、そんなイメージ。

だってやっぱり「米を食べねばいけん」と思うわけで。「日本の食文化をなんと心得おる。米が基本ぞ」と思うわけで。主食をないがしろにして、農業を、環境問題を、フードロスを、日本経済を語れると思ってはいけない、なんてね。

でもあるとき、人類史を考え、さまざまな土地と民族部族を訪ねた敬愛するお医者様がおっしゃった。「炭水化物は嗜好品ですからねぇ」。

ガーン。生きる糧ではなく、嗜好品。余裕があるものだからこそ、余分に体にくっつくのか。お金のなかった若い頃から、米さえあればなんとかなると思ってやってきたし、友人の実家からもらったお中元のそうめん一箱で一夏暮らしたりして、炭水化物には本当にお世話になってきた。でも確かに、忙し過ぎてチャーハンとかパスタとかお茶漬けなんかの深夜ご飯が続くと、するすると太る。逆に早めに食べる夜ご飯をサラダにしたり、鶏胸肉や魚のおかずだけにしたりして炭水化物を抜くとやっぱり痩せるのだ。

痩せたい、でも食べたい。

同じ話を繰り返しているだろうか私、なんていうか、ダイエットに取り組んではは敗退し、いやいや頑張らねばと、何度も繰り返すのと同じ感じだろうか。

ジャーサラダ

ジャーサラダの本を作っていたときは、結構めんどうくさかった。ビジュアルにすごく気を使わなくちゃいけなかったからだ。で、もちろんていねいに見た目を考えながら、ガラス瓶の内側に具材を貼り付けるように並べると、そりゃもう〈映え〉る。でかした私！　と思えるような仕上がりになるのだ。でも、そこから離れて実利に走ると別の世界が開けたのだ。実際今も、見た目はよそいきから普段着になったようなジャーサラダが冷蔵庫に五瓶、並んでいる。格落ちの見た目は、継続の証だな、なんて思ったりしている。

〈基本の作り方〉

蓋のしっかりしているガラス瓶に順に野菜を詰める。
まず一番底にドレッシングを入れる。
下記は480mℓ程度の保存瓶に入れる基本的なドレッシングの例。

1 ドレッシングを作る。塩小さじ1/3、蜂蜜小さじ1/3、ワインビネガー小さじ2～大さじ1、オリーブオイル大さじ1～1と1/2、昆布茶小さじ1/2くらい（もちろんお好きにアレンジしてくださいね。マヨネーズとかチーズとか、塩の代わりに醤油とか、いろいろ変化をつけてください）。

2 次に水気が出てもその水分が旨味に変わるような野菜を入れる。まず玉ねぎ（薄切りでもみじん切りでも）や、セロリやかぶなどを。

3 後はどんどん重ねていく。パセリやミニトマトやきゅうりやハムやサラダチキン、チーズや茹でたマカロニなど。

4 一番上には、レタスやベビーリーフなどの葉物野菜をのせて蓋をする。

5 瓶に詰めたら冷蔵庫で保存。１週間くらい持つ。食べるときは瓶の上下を返して振って、ドレッシングを上のほうの野菜に行き渡らせ、お皿にあけて、混ぜてから食べる。

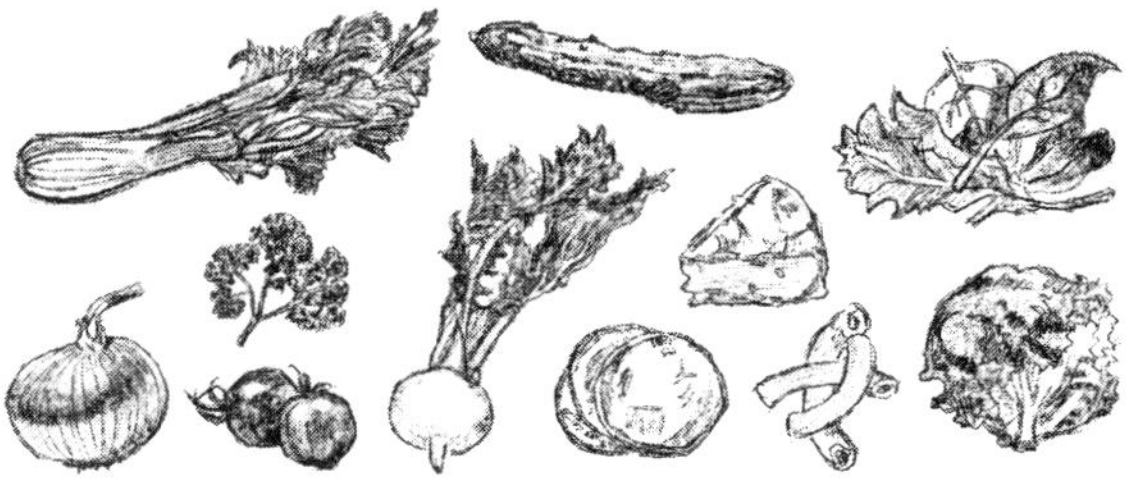

〈自家製サラダ・チキン〉

材料／作りやすい分量

鶏胸肉…大１枚（約300g）
塩麹…大さじ1〜1と1/2

作り方

1 鶏胸肉は皮をよけ、水気を押さえてポリ袋に入れ、塩麹を加えて揉み込む。そのまま１時間以上おく（だいたいのときはほったらかしで一晩〜２、３日おいてしまいます。保存方法としてもナイスです。15分ほどおくくらいでも）。

2 鶏肉を周りについた塩麹ごと鍋に入れ、かぶるくらいの水を加えて強火にかける。沸騰してくると、ふわふわとした白いアクが出てくるのですくってよける。蓋をして弱めの中火で15分を目安に茹でて火を止め、そのまま冷ます。

3 使う分量ずつに分けて保存。細く裂いたり、薄切りにしたりして使う。

やっぱ野菜でしょ！

以前ビッグイシュー（一一一頁参照）を支援してくださる方たちをお招きしたパーティーで料理をしたことがある。お茶会風に昼間の時間のパーティーだった。テーブルごとにお茶とお菓子をおいて、サンドイッチと温かいお茶を途中で出した。食べものとお茶は私が用意し、ビッグイシューの販売者さん数人が白シャツに黒いパンツ、黒いカフェエプロンを着てサービスをした。まるでちょっとしたカフェみたい、販売者さんたちもキリッとしたギャルソンスタイルが似合って素敵だった。テーブルを回ってお茶のお代わりを注ぐ役が板についていた。

楽しく過ごした会が終わった後、そのときに出しきれなかった料理をスタッフみんなで食べた。テーブルに座るでもなく、キッチンでわいわいと立ったまま、お疲れ様の賄いをパクついた。そんなとき、一人の販売者さんがただ茹でただけのスナップエンドウを「うまいなあ、うまいなあ」と繰り返し呟きながら本当に美味しそうに食べてくれたのだ。

「だってね、コンビニで買うとしたらおにぎりやパン、お弁当や袋に入った乾き物でしょ。こういうものはなかなか食べられないんですよ」とおっしゃる。

確かにスナップエンドウ、気合いを入れて茹でたのだ。しゃりしゃりと歯応えよく食べてもらえるように、茹でてざるにとり、さっと冷水をかけて粗熱をとり水気を切ってから、バットに広げる。塩を振って絡め、バットの下には大きな保冷剤を置いて、完全に冷ます。これは水っぽくならないようにするため。持っていくときには、オリーブオイルを絡めて、温度にも気をつけて持参したのだ。なんていうこともないものだけど、大切にていねいに料理した。

そのときの記憶もあって、野菜を美味しく食べてもらうために上手な火の入れ方や手間のかけ方を考えたいと思うようになった。農家さんから直に野菜を送っていただくようになったせいもある。野菜ボックスが各地から届く。あの方この方、野菜の作り手、畑の主のお顔が思い浮かぶ。これらの野菜が断然美味しいのだ。美しいし、なんだかもくもくと親しみも湧く。早く料理しなくっちゃ、ワクワクする。御馳走ってこういうもんだね。

考えてみると、野菜料理は少し手がかかる。例えばお肉を焼くとなったら、フライパンを温めて肉を広げて火を通し、両面を焼き、塩・コショウや好みのタレを絡めたらでき上がる。お肉は、すぐ調理できるまでに綺麗に並べてパックに入ってお店に並んでいるからだ。でも、野菜は洗って皮を剥いたり刻んだりが調理前に必要になるのだ。そうか、最近カット野菜やサラダ用袋詰め野菜が出てきたのはそこを省くためか。確かに狩猟も採集も家畜を育てることもできないから、肉や野菜を買えることはありがたい。でも、カット野菜までは行き過ぎじゃないのかな。それほどまでに私たちに時間がない、ということがまず困ったことかもしれない。野菜が美味しい、と思える暮らしには、ゆるりとした時間が必要なのかもしれない。

鶏そぼろの混ぜ寿司

混ぜ寿司は、お祭りの御馳走だったのじゃないかしら。米を一升ほども炊いて、海山各地自慢の具材を準備して。たっぷり焼いた錦糸卵も糸のように細切りにして、色良く茹でた絹さやもしゃっきりと細切りにした、華やかな祭ずし。それに比して、お弁当に使う鶏そぼろを混ぜたこの寿司は、ダントツの作りやすさ、そしてこの寿司には絹さやよりもスナップエンドウのほうがずうっと合うのだ。ときどきは、スナップエンドウが主役だ！　と思ったりするくらいに好きなんです。

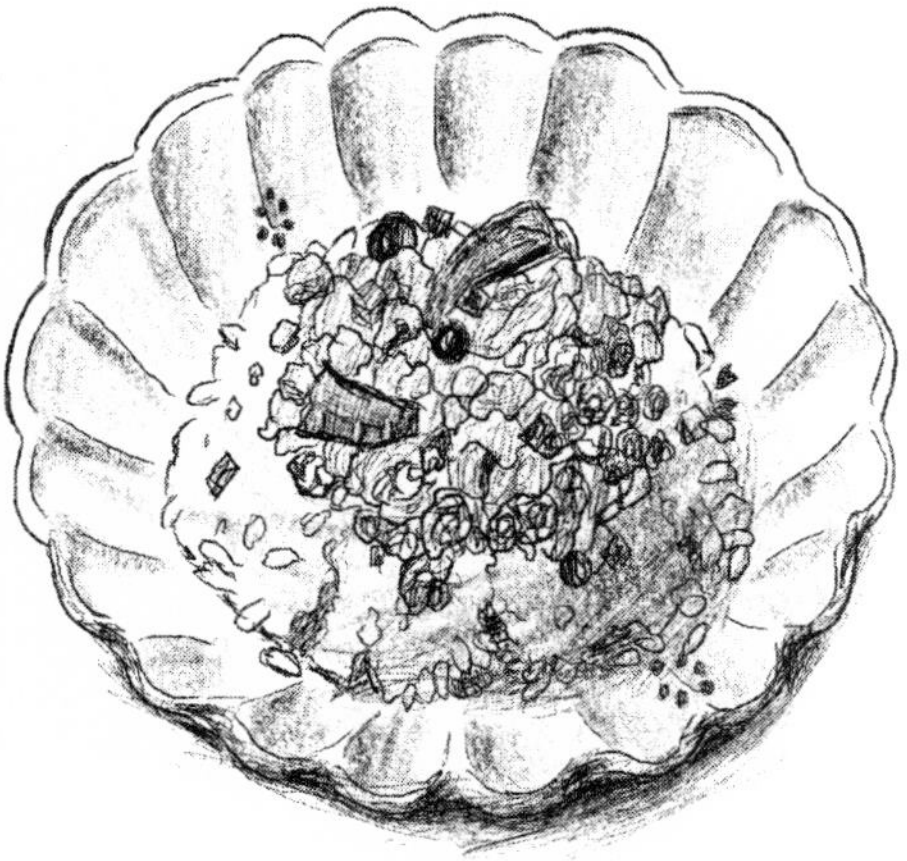

〈寿司飯〉

材料／４人分

米…２カップ（400mℓ分）

〔すし酢〕

　米酢…１/３カップ（約70mℓ）

　砂糖（上白糖またはきび砂糖、どちらでも）…大さじ２

　塩…小さじ2/3

　昆布茶（好みで省略してもよい）…小さじ１/２

手順

1 米は研いでざるにあげて15分ほどおいて水気を切り、鍋または炊飯器の内釜に入れて米と同量の2カップの水を加えて普通に炊く。すし酢に昆布茶を入れる代わりにだし昆布〈７㎝×10㎝くらい〉をのせて炊くのも。

2 すし酢の材料をよく混ぜて砂糖を溶かす。炊き上がったご飯をあけ（あれば飯台。なければ大きめのボウルやバットなど）、すし酢をしゃもじに伝わらせながら全体に回しかける。切るように混ぜ、うちわであおいで粗熱をとり、布巾をかけておく。

〈具〉

材料／4人分

鶏ひき肉…150g
人参…1/2本（約70g）
しめじ…1/2パック（約70g）

A
- きび砂糖…小さじ2
- 酒…大さじ1
- 醤油・みりん…各大さじ2

生姜のみじん切り…小さじ1/2
スナップエンドウ…100g
卵…2個

B
- 砂糖（上白糖、きび砂糖、どちらでも）…小さじ2
- 塩…少々

油…少々

作り方

1 人参は皮を剥いて1cm角に切る。しめじは石づきを落として、2～3等分の長さにざく切り。スナップエンドウは筋をとる。

2 耐熱ボウルに鶏ひき肉と**A**を入れて、フォークなどでほぐして混ぜる。蓋かラップをして電子レンジ600Wで2分加熱。取り出して人参としめじを加えて混ぜ、再び蓋かラップをして600W・4分加熱して混ぜ、そのままおいて冷ます。

3 スナップエンドウを茹でて、冷水にとって一気にさまし、水気を切って、半分に切る。

4 卵を溶きほぐして**B**を混ぜる。フライパンに油少々を熱して卵液を流し、ざっと混ぜて手早く炒り卵を作る。

5 具を飾り用に少しずつ残して、寿司飯に**2**、**3**、**4**の具を混ぜ、残りの具をのせる。

豆腐・納豆・玄米

ビッグイシューはもともと、ホームレスの人たちの自立を支援するプロジェクトとして始まったものだ。一冊四五〇円の雑誌を路上で販売し、その売り上げの半分強二三〇円が販売者に、そして残りの二二〇円がその雑誌を作ったりプロジェクトを回したりしていくお金になるというわかりやすい仕組みだ。私がそのビッグイシューに関係して十数年経つ。今は、そのビッグイシューのもう一つの団体、認定NPO法人ビッグイシュー基金の共同代表もするようになり、すっかり関わりが深くなった。

〈夜のパン屋さん〉（略して夜パン）も始めた。これは各地のパン屋さんの閉店前後に残りそうなパンをお預かりしてきて販売するビッグイシューの新しいプロジェクト、フードロスに貢献し、そのための仕事作りも考えたい、そう思って始めた。

ビッグイシューの販売者さんたち、みんなそれぞれ結構キャラが立っている。私が販売者さんに会える日はそれほど多くないけれど、それでも何かのチャンスで会うと、かなりの確率で大笑いしてしまう。〈突き抜けている〉と感服するときもあれば、じわじわくるなあと思うときもある。接点がないように思えていた人たちとつながることの面白さ、ありがたさ、いろんな人が助け合ってやっていくことの豊かさを教えてもらうような気がするのだ。

あるとき。

ロスになりそうなパンを預かって販売する〈夜のパン屋さん〉だが、それでも毎日全部が売り切れる訳でもない。残ったパンは、私の自宅とビッグイシューの事務所に置いた冷凍庫で保管し、食料配布や子どもたちへの支援をしている団体さんに届けることにしている。夏場で売り上げが落ち、冷凍庫にたくさんのパンが溜まったある土曜日。私は池袋の公園で食料配布をしている団体さんへパンを届けようとしていた。七個も八個も紙袋にぎっしりとパンを詰めて、事務所の下に停めた車に運ぼうとしているところだった。

四苦八苦する私を見て、一人の販売者さんが笑いながら歌うように言った。

「パンは運ぶものじゃなくて食べるものですよ〜」。ニコニコしていた、かわいかった。

そして、こりゃうまいこと言えた、と思われたんだろう、そのあと何度も「パンは運ぶものじゃなくて食べるものですよ〜」と繰り返し歌うように言いながら、ほかの人たちと協力してあっという間に車に大量のパンを積み込んでくれたのだった。なんだか胸熱な時間だった。階段を昇り降りしたせいで少しぜいぜい言ってる私、空は晴れている、みんなが笑ってる。

「行ってらっしゃーい」バックミラーに映るみんなが手を振ってくれていた。

販売者さんN氏。四十代、ロスジェネ世代。元自衛隊員。

いろいろな事情をくぐり抜けて路上で暮らすようになったようで、一時期はもうどうなってもいいと、食べないままの死を受け入れようとも思ったそうだ。食べないことはそれほど苦じゃなかったが、一週間ほど経つと眠れなくなってきて、それが本当に辛かったという。

〈食〉の分野で働き、食いしん坊な私にとっては、〈食べない〉選択をすることがまず衝撃だったけれど、私には考えられないような苦労を背負ってきたことを想像した。

そのN氏が、ビッグイシューの販売を始めた頃の話にも驚いた。

「Nさん、最初の頃は、一日に一回豆腐と納豆を食べられれば生きていけるからと、その分のお金だけビッグイシューが売れたら販売をやめちゃうのよ。もしよければもうちょっとかせげば？　と言ったのよ」と、スタッフが笑いながら教えてくれた。

豆腐と納豆かあ、修行僧みたいだ。食欲・物欲にまみれて生きている私は、我が身をかえりみてちょっと背筋を伸ばした。

家庭料理を考えることを仕事にする私は見た目よりはかなり小心者で、ほかの料理人に対してコンプレックスを積み上げちゃうこともたびたびだ。でも、こう長くこの仕事をやってくると、早いもうまいも安いも、もう何周もやってきてしまった気がしている。流行りの料理、おしゃれな料理、映える料理の数々にも、悩みつつ付き合ってきた。

でも、〈美味しい〉ってなんだろうといつも思うのだ。きっと人が生きていく、その根っこにつながっているものだ。食べて育ってきた記憶、人との関わり、時々の体調、暑さ寒さ、経済的、気持ち的な余裕のあるなし。確かに腕を磨かなくちゃいけない仕事だけれど、〈美味しい〉の中心に料理人の腕があってはいけないのじゃないか。料理道を極める、その勝負を挑まれるような感じは、〈食べる〉ことからおおらかさを奪うように感じるようにもなった。

私は人を幸福にする美味しいものを考える自分の仕事が好きだ。

街には世界中の美味しいものが集まってくる。たくさんの食情報も溢れている。でも、同じこの時代に食べものに困る人たちが増えているのも事実なのだ。

食べものをめぐる環境はより利益を優先したものに変わろうとしているように思える。今を生きる人たち、未来を生きる人たちを支える部分がなければ、〈美味しい〉から力を奪うものになるんじゃないか。

私は危機感を募らせる。環境と気候の変化による食料生産の現場が心配になる。食料の作り手へのリスペクトがなくなって、お金を出せば食べものはいつでも手に入ると思い込む風潮も生まれていないか。生産者と消費者の断絶も気になる。

私のこれからの使命は生きていく人を支える食べものを考え、〈飢えさせないこと〉かもしれない、と考えるようになってきた。

豆腐、納豆、玄米。

御馳走というより、何気ない日々を支えるもの。作物を生み出す健康な力のある土のように人を生かすもの。生きる人の〈食べる〉に寄り添うもの。

なんだか「そんな人に私はなりたい」なんて締めたくなった。

玄米納豆ご飯

例えば自分の本が新聞にのったり、雑誌に取り上げられたりなどして、ちょっと鼻が高くなったようになって、調子にのりそうなことがあると、切り干し大根を煮て玄米と味噌汁でご飯にしよう、と思うのだ。地道に生きるぞ、自分の〈しみじみ〉を見直すぞ、と思うのだ。よく噛むせいだろうか、玄米にはなんだかスローダウンすることの良さを教わるときがある。豆腐にも納豆にも、地に足をつけて生きるんだよ、とやわらかく諭されるような気がする。支えられている、そのありがたみ。

材料／１人分

玄米ご飯…茶碗１杯
納豆…小１パック（50ｇ）
卵…１個
醤油・練りからし…各適量
柴漬けや刻み沢庵などの好みの漬物、焼き海苔…適量

作り方

1　小丼に納豆と卵を入れ、ふわふわしてくるまで良く混ぜる。醤油と練りからしを加えて混ぜてから、玄米ご飯も入れる。

2　さらに混ぜて全体をふわふわの状態にし、好みの漬物を刻んで加え、焼き海苔もちぎって加え、スプーンで食べる。

＊玄米は米の1.2倍の水分量で、圧力釜で炊いている。最近、電気の圧力釜のオートモードで炊くと、時間はかかるが一晩水に漬けたりしなくても上手に炊けることに開眼、もっぱらこの方法で炊いている。

記憶が紡ぐものを食べる

カレーと海苔弁

みんなで食べる、それもみんなで作ることを含めて考えたときに最初に思い出す料理はカレーじゃないかしら。

ほとんど逃げ回ってばかりいた私の子ども時代のお手伝いは、絹さやの筋取りやゴマ擦り、鰹節削りなんていう昭和が香るものだったけれど、意識してみんなで作ったのはカレーだったような気がする。家族のご飯だったのか、夏休み中の学校の集まりかキャンプ場だったか、高校や大学時代にみんなが集まって作ったご飯だったたか。

子ども料理教室をするときに子どもたち皆がやりたがるのは、包丁を使うことだ。調理の華である包丁遣いを味付けの心配なく料理初心者に任せられて、調理工程も簡単、盛り付けの皿も一つですむし、子どもたちもみんな好きでよく食べるカレーは、大人にとってもありがたいメニューなのだと思う。

じゃがいもや人参の皮を剥いて玉ねぎも刻んでお肉を炒める。スープを沸き立たせて肉と野菜をしばらく煮て柔らかくなったら、カレールゥを溶き入れる。なんだか懐かしい日本の王道カレーは、確かに子どもの頃から慣れ親しんだ味でもある。

インドやネパールを旅して回り、いっちょ前にスパイスを語るようになった私は、今ではカレールゥを使うことも少なくなった。でも、もしカレールゥがなかったら、カレーが日本の国民食と言われるほどにはならなかったに違いない。カレールゥをリスペクトしている、というか近所の仲良しのおばさんに対してのように親愛の情を持っているのだ。

思い出したのはアラスカで、みんなで作って食べたカレーだ。日本製カレールゥを現地のスーパーマーケットで買った。踊りながら人参を切ってくれた小学生のなっちゃんがはりきって作ってくれたせいで、ダンシング・キャロット・

カレーと名付けられた。そのカレーはイベントで一緒だったクリンギット族の人たちとともに食べた。おそらく初めて食べたであろうルゥのカレーは族長たちにも好評だった。

そういえば、ルゥと同じように使う瓶に入ったカレーペーストは、異国のスーパーなどでも見かけるけれど、あのチョコレート型をした箱入りの、日本独自のカレールゥを海外で見かけることはあまりない。

麻婆豆腐もインスタントの日本製の〈素〉がなかったらこんなに普及しなかっただろうし、スパゲティのレトルト・ミートソースもそうだろう。それまで知らなかった料理が家庭に根付くのには、市販の、昭和日本生まれの〈料理の素〉がかなり貢献したのじゃなかろうか。だからちょっと懐かしい感じがするのだろうか。

今から三〇年近く前、転形劇場という劇団の役者兼めし炊き係だった私は、カレーを作りまくっていた。特に劇団が、近所にあまりお店もなかった倉庫街の新しいスタジオに移転した頃は、「今世界中で一番、一人で大量のカレーを仕込んでいるのは私に違いない」と自負していた。倉庫を改造した劇場の二階のロビーでお客さんにカレーを出していた。私はその「T2スタジオ」という名の小劇場、二階ロビーの調理担当だった。まだ下っ端役者の私は、コーヒーを淹れたりカレーを仕込んだりとまるで喫茶店のやとわれバイト状態だった。

その頃は、アルバイトをしていた無国籍レストラン仕込みの玉ねぎをじっくり炒めて飴色にしたスパイスカレーを作っていた。なにしろめったやたらに玉ねぎを炒め続けていた。具は、値段の安い鶏の手羽先やひき肉や大根が中心だった。じゃがいもやなすを入れたこともあったけれど、大量に作ると煮溶けるので、最終的には値段も安く形の残る〈大根カレー〉が定番になった。

劇団員の賄いも兼ねていた。近所のスーパーでパンを買ってくるか、大量に買い置きをしてあったカップ麺をすするか、カレーを食べるのが芝居の本番中の日々の、みんなのご飯だった。

そういえば、舞台セットの建て込みをする日には、近所のほか弁で買った一番安い〈海苔弁〉の賄いが付いたのだった。作業途中の舞台や客席の思い思いの場所に座って、みんなで食べた〈海苔弁〉はほんとうに美味しかった。なんて言うんだろう、誰かが取りに行ってくれたお弁当屋の〈海苔弁〉が、休憩だよー、の掛け声とともに体力仕事の賄いに振舞われる、その喜びが美味しさをぐんと格上げしていた。

温かな白飯の上のしんなりした醤油味の海苔、ちくわの天ぷらになんなのかよくわからない魚のフライ、みんな揃って一番安い弁当を食べる可笑しさ。そこには、芝居の稽古の時間の持つ、あのヒリヒリしたような緊張感はなかった。その後、〈料理研究家〉になってしまった私は、海苔弁を買うことが少し恥ずかしくてなかなか一人では買えず、みんなで食べることもできず、かなり残念な思いをしている。ときどき思い出してはむしょうに食べたくなる。

カレーの話から海苔弁に脱線した。どっちも懐かしの〈みんなで食べるご飯〉話でした。

私のおすすめカレー四品

コロナ禍で旅に出られずにいてすごく懐かしくなるのは、インドやネパールのスパイス屋だ。こんなふうにスパイスに惹かれるとは、考えてもみなかった。異国の、知らなかった文化の香り。何をしてもいいんだ、とほっぽり出されたような開放感。誰も私がここにいるって知らないんだよ、となんだかほくそ笑むような気持ち。カレーを作りながら、懐かしく思い出している。

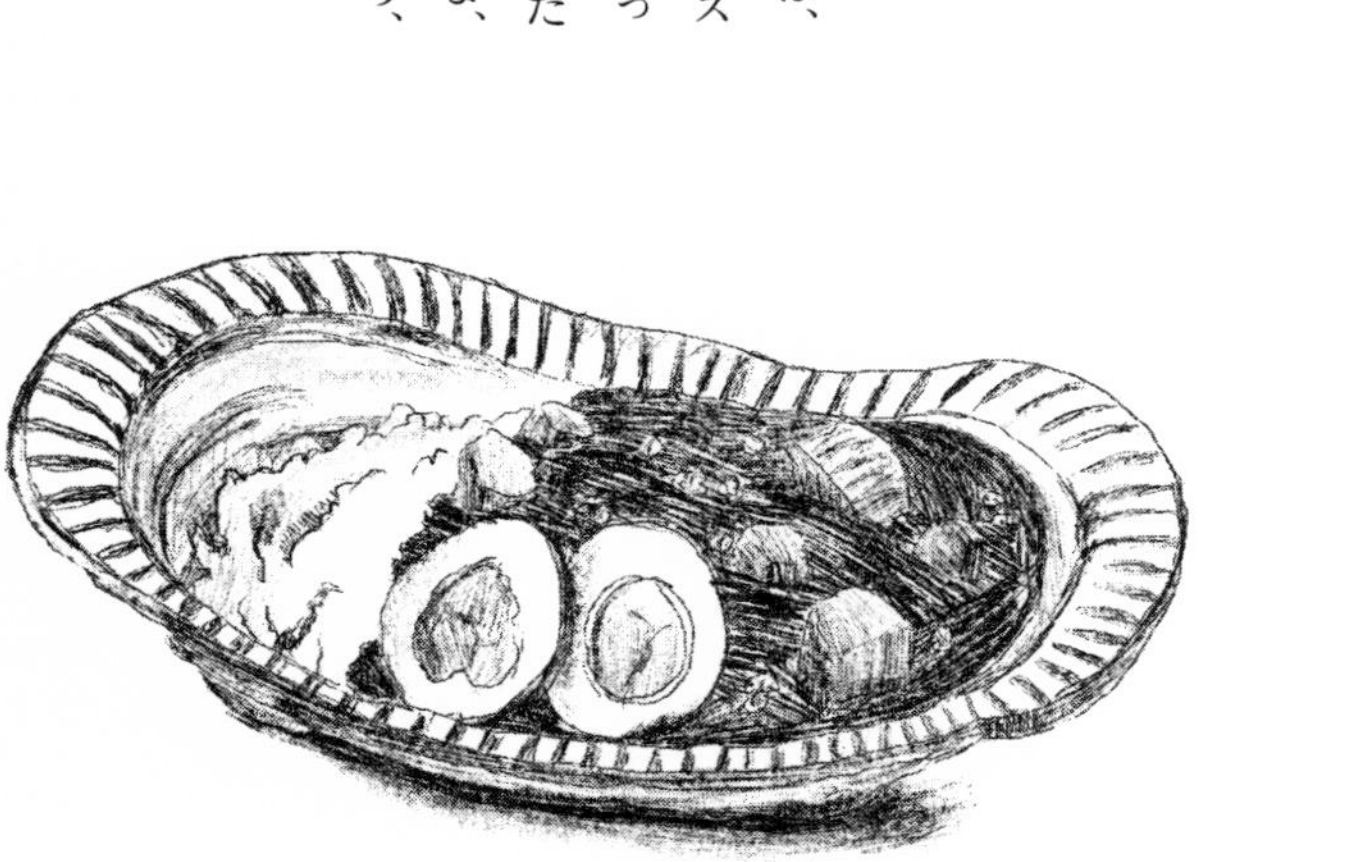

〈大根とひき肉のカレー〉

材料／4～5人分

玉ねぎ…大2個
豚ひき肉…300g
大根…2/3～1本（600～700g）

A
- 赤唐辛子…2本
- 生姜…1/2かけ
- 以下あれば
  - クミンシード…小さじ1
  - シナモンスティック…1本
  - ローリエ…2枚

B
- カレー粉…大さじ2と1/2
- トマト…2個
- 固形コンソメ…小さじ1
- 塩…小さじ1と1/3

油…大さじ2
水…2と1/2カップ
塩・コショウ、ガラムマサラ、ヨーグルトなど…適量
好みでゆで卵、パクチーなど

作り方

1 玉ねぎは半分に切り、長さを半分にして縦に薄切りにする。耐熱ボウルに入れて、ラップをして電子レンジ(600W)・12分加熱する。

2 大根は皮を剥き、大きめ一口大の乱切りにする。トマトも乱切り、生姜は千切りに。

3 大きめのフライパンか鍋に油を入れ火にかけ、**A**を順に入れる。**1**を入れ、強めの中火でときどきかき混ぜつつ、茶色になるまで15分炒める。

4 大根を耐熱ボウルに入れてラップして、電子レンジ（600W）・10分加熱する。

5 **3**にひき肉を加え、ほぐしつつ色が変わるまで炒める。**B**を加えてなじむまで炒めたら、**4**と水2と1/2カップを加え混ぜる。中火で20分を目安にときどきかき混ぜながら煮る。

6 味をみて塩・コショウ、ガラムマサラ、ヨーグルトなどで味を調える。ご飯と皿に盛り付け、ゆで卵、パクチーなどを添える。

＊玉ねぎを炒めるのが大変だったら、茶色になる少し手前で止めちゃってもOK。ただ、しっかり茶色に変わるまで炒めると、味が深くなりますよ。

〈スタンダードなチキンカレー〉

材料／４～５人分

鶏もも肉…大２枚（約500g）

A
- 塩…小さじ１
- カレー粉…大さじ１と1/2
- プレーンヨーグルト…1/2カップ
- ケチャップ…大さじ２
- 生姜・ニンニクのすりおろし…各小さじ１
- 好みでチリパウダー…小さじ1/2、はちみつ…小さじ１

玉ねぎ…２個

トマト…２個

固形コンソメ…２個

サラダ油（あればナタネ油）…適量

水…２と1/2カップ

以下あれば

　クミンシード…小さじ１

　塩・コショウ、ガラムマサラ…適量

作り方

1 鶏肉はペーパータオルで水けを押さえてから、1枚を8～10切れの食べやすい大きさに切ってポリ袋に入れる。**A**を加えて揉み込んで下味を付けて15分以上おく。トマトはざく切りにする。

2 玉ねぎは薄切りにして、耐熱ボウルに入れて電子レンジ（600W）で10分加熱する。

3 厚手鍋かフライパンにサラダ油大さじ2と、あればクミンシードを入れて中火で熱し、気泡が出てきたら玉ねぎを入れて最初は強火にし、焦げやすそうになってきたら火加減を調節して、色付くまで7～8分炒める。

4 **3**に**1**の鶏肉を漬け込んだ汁ごと入れて、ときどき混ぜながら2～3分焼き付ける。そこにトマトを混ぜ入れ、水2と1/2カップとスープの素を加え、中火にして30分を目安に煮込む。

5 味をみて、塩・コショウ、ガラムマサラなどで味を調える。

＊カレー粉の分量はカレー粉によっても辛さが異なり、また子どもたちの辛さの苦手度も違うので、調整してくださいね。カレー粉を少なめにして、ご飯にも使うターメリックを代わりに加えてもいいです（カレー粉を小さじ2、ターメリックを小さじ1/2くらいを目安に）。また、大人用には煮込んでから取り分けてカレー粉を追加したり、チリパウダーなどで辛味を追加してもいいです。

＊＊シナモン、ローリエ、マスタードシードなどをクミンシードと同じタイミングで加えても美味しくなります。

〈フライパン・チキンカレー〉

材料／3～4人分

鶏もも肉…大1枚（約300g）

A
- 塩…小さじ1
- コショウ…少々
- カレー粉…大さじ1と1/2
- ニンニク、生姜のすりおろし…各小さじ2
- ケチャップ…大さじ2
- プレーンヨーグルト…2/3カップ

玉ねぎのみじん切り…1/2個分

じゃがいも、トマト…各3個

エリンギ…2～3本

油…大さじ2

湯…2カップ

作り方

1 鶏肉は大きめの一口大に切り、ポリ袋に入れて**A**を加えて揉み込む。じゃがいもとエリンギは食べやすい大きさの一口大、トマトは乱切りにする。

2 フライパンに油大さじ2（あればクミンやマスタードシード、唐辛子なども）を入れて熱し、玉ねぎを炒める。鶏肉も**A**の漬け汁ごと絞り出して入れ、2分ほど炒める。じゃがいもとエリンギも加えてさらに2～3分炒める。トマトの半量も混ぜる。湯2カップを加えて落とし蓋をして15～20分煮て、トマトの残りを混ぜ、温める。

＊フライパンで作る、少人数用のカレーです。インドやネパールの人たちが、私たちが小一時間で晩ご飯を作るようにカレー（と私たちがまとめて呼ぶスパイスを使ったおかず）を作ることに学びました。じっくり煮込みのカレーではじゃがいもを入れることを避けていましたけれど、実はじゃがいものカレー（スパイスを使った炒め煮風のもの）がすごく好きだった！　と、改めて気が付いたのがきっかけでよく作るようになりました。

〈即席ターメリックライス〉

材料／4人分

温かいご飯…茶碗5〜6杯分

A
- ターメリック…小さじ2/3
- ニンニクのすりおろし…小さじ1/3
- バター…20g
- 塩…少々

作り方

Aを大きめの耐熱ボウルに入れて蓋かラップをして電子レンジで600W・40秒〜1分加熱して、バターが溶けたら、ご飯を加えて混ぜる。

〈お肉を食べるポークカレー〉

材料／5〜6人分

豚バラ・ブロック…800g~1kg

塩…小さじ1

A ┌ 生姜の薄切り…3枚
　└ 黒粒コショウ（または粗挽きコショウ適量）…7〜8粒

玉ねぎ…2〜3個（600~700g）

B ┌ 生姜の千切り…1/2かけ分
　│ 赤唐辛子…2〜3本
　│ 以下あれば、
　│ 　クミンシード…小さじ1弱
　│ 　マスタードシード…適量
　└ 　シナモンスティック…7cmくらい

油…大さじ3　　　カレー粉…大さじ2と1/2〜3

塩…小さじ1　　　固形コンソメ…1個

トマト…3個　　　ニンニクのすりおろし…1かけ分

水…4カップ

ガラムマサラ、チリペパーなど好みのスパイス…適量

作り方

〔まず、茹で豚を作る〕

豚肉の水気をペーパータオルなどで押さえてから、塩小さじ1を擦り込み、10分ほどおく。鍋に豚肉とかぶるくらいの水を入れ、強火で沸騰させてアクを取り、弱めの中火にして**A**を加えて50〜60分茹でる。

＊茹で豚はそのまま食べてもいいし、カレー以外にも使い道があるのでいつもは多めに作っています。

〔肉を茹でている間にカレーのベースを作る〕

1 玉ねぎを薄切りにし、耐熱ボウルに入れて蓋かラップをし、電子レンジ(600W)で15分加熱する。トマトは乱切りにする。

2 厚手鍋に油と**B**を順に入れて弱火で熱する。香りが立ってきたら、**1**の玉ねぎを入れて強火〜弱めの中火へ火加減しながら、茶色く色付くまで炒める(約15分)。炒めるコツは、色付き始めたら火を弱めて鍋底に広げるようにして炒め、焦げ目が付いたら2〜3分ごとに混ぜること。

3 玉ねぎが茶色く色付いたらカレー粉と塩(小さじ1)を振り混ぜて馴染ませ、トマトも加え混ぜる。全体が温まったら水4カップ、コンソメを加えて中火で10分煮る。

4 豚肉が茹で上がったら、好みの大きさに切って加え、馴染むまで20〜30分煮る。最後にニンニクのすりおろし、ガラムマサラなど好みのスパイスを加える。

弟からの電話

弟から電話があった。しばらくよもやま話をしていた。近所にきているから、今から私の家にくる、と言っている。

「なんだそうなの、ここのところぴーちゃんとだけ会ってあんたには会ってなかったもんねえ。早くおいでよ、一緒にご飯食べに行こう」。

そんなふうに答えていたような。そしてあっと気が付いて目が覚めた。弟は一二年前に死んで、もういないのだった。夢の中の電話だった。

聞いたと思ったその声を覚えていたかった。自分の部屋の自分のベッドの中にいるのに、どこか遠くにいるような気がした。

ああ、会いたいなあ。弟も、母も父も、もういない。

ありがたいことに、義理の妹のぴーちゃん（私がつけたあだ名です）と二人の姪は、家族として私を受け入れてくれている。それでも四人はみんな大人、それぞれの暮らしを生きている。

子どもの頃の食卓が、私の〈みんなで食べる〉原風景なんだろう。父は会社員、母は小学校教員、私と弟は三歳半離れた二人姉弟、平凡な昭和の中流家庭だった。

料理の仕事をするようになってからのこと。記憶にある〈お母さんの料理〉について良くインタビューされることがあった。あれ、困った。私、あんまり覚えていない。ごめんなさい、お母さん。そういえば、母にどんなものを食べていたっけ？　と聞いてみると、あれも作ったこれも作った、と忘れている料理名をいくつも言われたんだった。

誕生日には、いつも大きなフルーツ寒天を作ってくれた。今でいうサブスク？お金を払い込んで定期的にお皿のセットが送られてくる通販で届いた、いかにも昭和風な揃いの皿たち。その中の長辺三〇㎝はありそうな楕円形の深鉢を型にして作ってひっくり返して盛り付けてある。透明な寒天の真ん中に、丸い輪っかのパイナップルがあり、みかんやさくらんぼの缶詰などが、デザートかくあり、みたいに並んでいる。途中から寒天液に牛乳を混ぜたのか、底のほうはモヤモヤっと白くなっているのだ。すごく豪華だった。

でも、いつも作ってもらったと書いたけれど、果たしてそうだったのか。あまりに嬉しくて記憶に張り付いたせいで、いつも作ってもらったように覚えていたのかもしれない。それでも棒寒天を細かく千切る手伝いを、弟と一緒によくさせられていた記憶もある。未だに牛乳寒天が好きなのは、子どものときのその記憶のせいに違いない。嬉しい記憶。でも、うちは貧乏だからお誕生日ケーキの代わりに寒天だったと思っていたのだが、「何言ってんの、不二家のショートケーキだってあったわよ！」と母はあきれて言った。申し訳ない、お母さん、料理の作り甲斐のない娘でありました。全く記憶はあやふやだ。

小学校の低学年頃の私と弟は、伯母と二人で暮らす祖母の家で母の帰りを待っていた。足の悪かった祖母は火鉢の隣に座り、その火鉢に小鍋をかけて炒り卵を作ってくれた。給食のない土曜日の昼ご飯は、近所のお肉やさんのコロッケだった。小銭を握りしめてお使いに行った覚えもある。でも、おばあちゃんちのご飯は、柔らかくてグニャっとしていて、子どもには残念なおばあちゃん的柔らかさだった。引き出しの奥にしまってある三ツ矢サイダーも飲んでいいよ、と言われるけれど、これまた子どもには、ぬるいサイダーってなんだかなあ、なのだった。

祖母の家で、父の小さな誕生祝いをしたときのことも覚えている。父の好物の赤飯があった。喜んで食べていた父だったが、赤飯に入っていた煮えていない硬い豆かごく小さな石だったのかが当たって、前歯が欠けたのだった。

父、驚いた。「赤飯食べて歯が欠けた」と冗談のように一〜二回繰り返して言った後、急に、歳をとったと実感したのかもしれない。泣き笑いになった。そして、そのまま少し泣いた。そのときの父、多分四十代になったかならないかの頃だったはずだ。歳をとることの切なさに捕まってしまった大人を目撃した子どもの私は、それが父だったことも手伝って、なぜ？　という思いと、なんだかかわいそうな思いで、少ししょっぱい赤飯を食べたのだった。

祖母の家で夕飯を食べることもあったが、母と弟と私、三人で一緒に家まで帰ってから大急ぎで母が夕飯を作ることも多かった。簡単なものが中心だった。冷やし中華を覚えている。ハムやチャーシューの代わりに、魚肉ソーセージが棒状に切られてのっていた。昭和だった。

流行り出した〈素〉を使った麻婆豆腐とか、缶詰めのミートソースをかけたスパゲティだったこともあった。作り方付きの箱入りの素を使った初めての料理、グラタンは大御馳走だった。大好物になった。祖母の家の地味なご飯に比べると、ちょっと華やかに感じられた母の料理は〈昭和の味〉だった。

カレールゥで作った鍋いっぱいのカレーは二〜三日続くおかずで、カレーが何よりも好きだった弟は、その鍋底に残ったカレーにご飯を入れて混ぜて最後まで掬い取るようにして食べていた。

なんだかすごく懐かしい。それでも、〈鯖の味噌煮〉や〈鱈ちり〉なんていう父が喜ぶおかずが出る日もあり、鱈ちりなんかで一体どうやって白いご飯を食べるのか、とがっくりと音が出るほど首をうなだれた記憶もある。

家庭料理が仕事になってからの私の頭の中には、仕事から大急ぎで帰って、ぴよぴよ鳴くようにお腹がすいたを繰り返す子どもたちに食べさせる、働く女たちの姿があったと思う。

お金や時間や体力をやりくりしながら、怒ったり笑ったり、ときどき泣いたりしながら日々の食べものを作る、働く女たちや男たちのいるキッチンを想ってメニューを立てるのは、母の後ろ姿を見ていた子どもの頃の記憶のせいだ。

レンコンのニンニク炒め

子ども向けのおかずというより、父の酒の肴として母が作っていた料理。子どもの私は、それが食べたくて食べたくて、父から少しずつもらっていた記憶があります。すっかり大人になった今、一番好きな野菜が〈レンコン〉です。

材料／作りおきも含む４人分

レンコン…３節（400～500g）
ニンニク…２かけ
太白ゴマ油…大さじ２
酒…大さじ２
塩…小さじ１/３
昆布茶…小さじ１/２
醤油…少々

作り方

1 レンコンは皮を剥いて薄い輪切り、大きければ半月切りにし、ざるに入れて流水でさっとすすぎ、水気をしっかり切る。ニンニクは、粗みじん切りにする。

2 フライパンにゴマ油とニンニクを入れて中火で熱し、香りが立ったらレンコンを入れて艶やかになるまで中火で炒める。塩と酒を振って混ぜ、レンコンに火が通ったら昆布茶を混ぜ、最後に醤油少々を鍋肌に入れて混ぜる。

牛乳寒天

今は一番簡単に作れる方法で、作っています。夏が近づいてくると、どうしても冷蔵庫においておきたくなります。

材料／寒天液約1ℓ分、約10人分

牛乳…800mℓ
粉寒天…10g
グラニュー糖…90g

作り方

1 鍋に水1カップと粉寒天を入れて混ぜる。中火にかけて沸騰してきたら弱火にし、1分混ぜる。グラニュー糖を入れて混ぜながら再び弱火で1分煮る。牛乳を混ぜて、火を止める。

2 内側を水で濡らした型に流し入れ、粗熱が取れたら冷蔵庫に移して1〜2時間おいて冷やし固める。取り出して食べやすく切る。

＊夏は、牛乳寒天と同じくらいの大きさに切ったスイカと組み合わせたり、冬は黒豆の甘煮と一緒にみつ豆風にしたりもします。

蝉が鳴く八月

八月の気持ちはすっかり夏休みだ。子どもの頃の記憶。それも小学生くらいの。朝早く起きてラジオ体操に行く。帰ってきてごろごろして、気が付くとお昼ご飯。そうめんとかなにか麺類を食べてお昼寝して三時にはスイカかなんか食べて、夕ご飯食べて花火。ご飯やおやつを食べたに違いないから、思い出そうとするとなんだか食べてばかりいたような、で、お昼寝したり、ダラダラしたり。その前後に何をしていたかは思い出せない。でも、ぼんやりとただ休みを満喫していた、たいしたこともせずに、まあ明日も休みだし、って思いながら過ごした八月の、平和な時代の子どもの、私の記憶。

すっかり大人の今、八月になると思い出すのは私の家にやってきた日の、まだしっかりしていた頃の両親のことだ。

その頃は私も弟も家を出ていて、両親は二人で〈山の家〉に住んでいた。山を見ながら暮らしたい、と父が言い出したのは私が中学生の頃。横浜の実家とは別に、丹沢に向かう山の中に開かれた住宅地に家を建て、週末はそこに出かける暮らしを始めた。それに伴って父は車の免許を取り、両親ともにリタイアした後、弟が結婚したのを機に、実家は弟家族が住み、両親はその〈山の家〉に居を移した。

小田急線の本厚木の駅からバスで二〇分ほど行った先にある山の中腹にできた住宅地の一番上、見晴らしはいいけれど車以外で到達するには大変なところだった。父が運転する車だけが頼りの暮らしでどこに行くのも二人セット、父は「俺はお母さんの運転手だよ」と冗談めかして言っていた。それでもその二人の暮らしを何十年と続けて、それはそれできっといい時間だったんだろうと今になってみれば思うのだ。ただ私も弟もその頃は自分たちの生活で手一杯。

必然、私がその山の家へ行くよりも、両親が私と弟を訪ねるほうが多くなっていた。

二〇〇七～二〇〇八年のことだろうか。八月十五日だった。午前中にやってきた両親は、キッチンに向かい合うソファに座って二人でテレビを見ていた。私はそんな親を横目で見ながら、昼ご飯の支度をしていた。

ふと気が付くと、ちょうど一二時。敗戦の日の式典を見ていた二人は、立ち上がって、そのテレビに向かって頭を垂れて黙祷していたのだった。

私に声をかけるでもなく、ただ二人並んで頭を垂れて下げたままの手のひらを静かに合わせていた。

なんだか心がしんとした。

戦争を知る戦中派と呼ばれる年代の父は、飛行機の整備をする少年兵として何人もの特攻隊を見送った、と言って酔ってはときどき泣いた。生まれて子ども時代、思春期、戦後の青年期、高度成長期の頃に働き盛りのサラリーマンとして過ごした父の一生。父としてしか見てこなかった私の知らない一人の男の人がそこにいた。母も、母のことも、母として以外の人生をあまり想像したことがなかったことにふと気付かされた。

年老いた両親が、これまでの人生を過ごしたときの厚みとその記憶を抱えて黙祷している。死んでいった人たちのことを思う八月。夏。

そのあとは、私が用意したスパゲティを普段通りの様子で三人で食べた。父は「ニンニクを使った塩味のスパゲティが好き」、母は「ケチャップが好きだからナポリタンが好物なの」と言う。多めに茹でて半分ずつに分け、二種類のパスタにして簡単なレタスのサラダと一緒に食べた。

麺好きの父は、「こういうものは、つい食べこんじゃうんだ」と言った。食べこんじゃう、という言い方をはじめて聞いた私は、そう言った父の声や言い方を今も覚えている。テレビは、普段通りの騒がしいコマーシャルのある番組に変わっていた、蝉が鳴いていた。

たまに食べたくなる禁断の味
二種類のスパゲティ

ダイエットを意識するようなとき、私にとってパスタは敵だ。うどんもアブナイと思うけれど、パスタはなんと言ってもオイルをケチらないほうが美味しいから、炭水化物+オイルでワンランク格上だ。経験的、体質的に言ってパスタは、私を大きくする食材のナンバーワンと思う。でもね、だからこそ美味しいのだ。いけないいけない、という思いが禁断の味になって、「そうなの、このたまに食べるから嬉しい美味しい」っていうのがたまらないのだ。

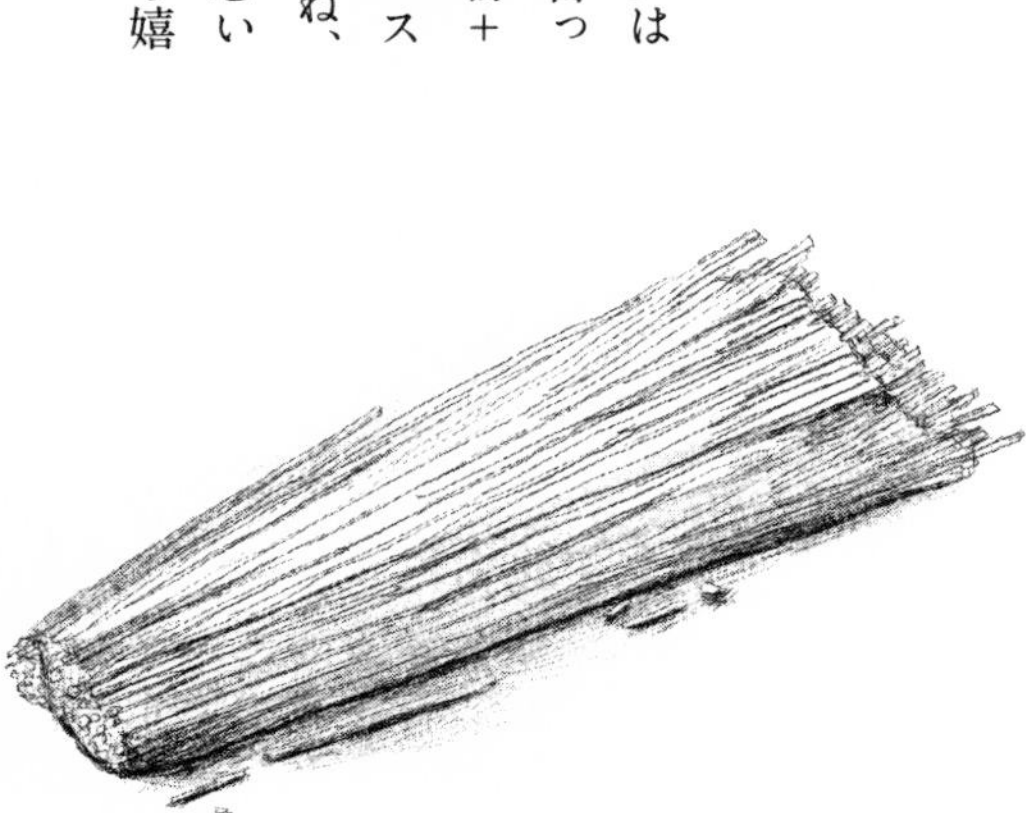

〈ボンゴレ〉

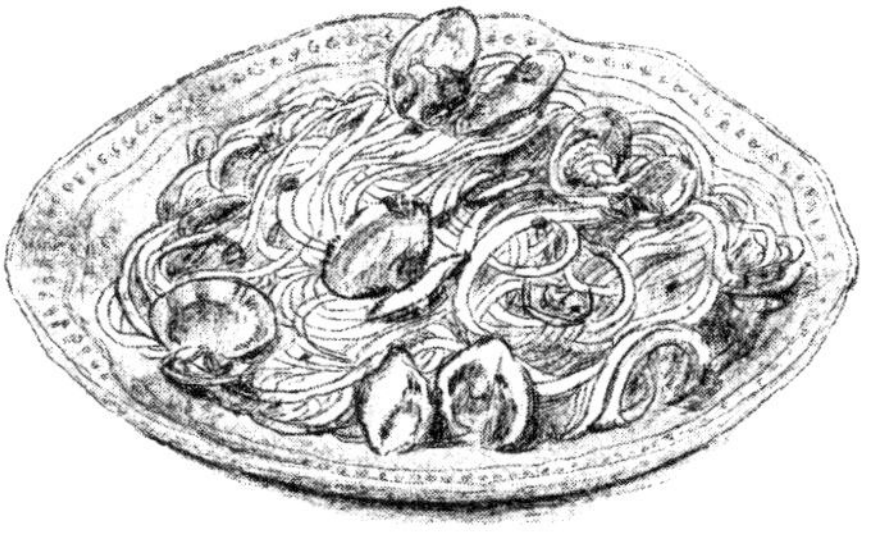

材料／２人分

スパゲティ…150〜200g
ニンニク…１かけ
殻付きあさり…300g
塩…適量
白ワイン…大さじ３
刻みパセリ…大さじ２
好みで昆布茶…小さじ１弱
オリーブオイル…大さじ２

作り方

〔先に具を用意する〕

ニンニクはみじん切りに。あさりは塩水（塩大さじ１＋水４カップ）につけて殻と殻をこすり合わせるようにしてすすぎ、水気を切る。耐熱ボウルに入れて、白ワインとオリーブオイル、ニンニクをふって蓋かラップをして、電子レンジ（600W）で6分を目安に貝の口が開くまで加熱しておく。

〔パスタを茹でる〕

1〜1.5ℓの湯を沸かし、塩大さじ1強を加えて、袋の表示時間より30秒ほど短くタイマーをかけてスパゲティを茹で始める。

〔仕上げる〕

フライパンまたはパスタを茹でた鍋をあけて、加熱し終わったあさりを蒸し汁ごと加え中火にかける。パセリと茹で上がったスパゲティ、好みで昆布茶を加えて和える。味をみて塩・コショウで調える。

〈ナポリタン〉

材料／２人分

スパゲティ…150〜200g
ニンニク…1/2かけ
玉ねぎ…1/2個
しめじ…小1パック（100g）
ベーコン…70g
塩…適量
トマト…1個
ピーマン…2個
オリーブオイル…大さじ2
ケチャップ…大さじ3〜4
バター…10g
塩・コショウ…少々

作り方

〔具を用意する〕

1 ニンニクはみじん切り、玉ねぎは薄切り、しめじは石づきを避けてほぐす。ベーコンは細切り、トマトは1~2cm角に切り、ピーマンは細切り。

2 フライパンにオリーブオイルとニンニクを入れて中火で熱し、香りが立ったらベーコンと玉ねぎ、しめじを入れて炒める。トマトを入れて煮詰めながら炒め、ピーマンを加えて艶やかになるまで炒める。ケチャップを入れて混ぜ、いったん火を止める。

〔パスタを茹でる〕

1〜1.5ℓの湯を沸かし、塩大さじ1強を加えて、袋の表示時間より30秒ほど短くタイマーをかけてスパゲティを茹でる。

〔仕上げる〕

茹で上がったスパゲティをナポリタンのフライパンに加えて炒め合わせ、バターを入れて混ぜ、味をみて塩・コショウで味を調え、器に盛る。

帰りたい父

脳卒中で倒れたあとの父は、大学病院からリハビリ病院へ、その後、老健など二つの施設でそれぞれ一〜二か月ずつを過ごして、おぼつかないながらもようやく歩けるようになった。その間母と私は、父を見舞ってからあちこちの施設やホームを訪ねて、退院、退所後に住む場所を探し回っていた。買い物にせよ病院通いにせよ、父の運転だけが頼みのつなだった両親の山里暮らしが立ち行かなくなったからだ。

父母二人が一緒に住める有料の老人ホームはびっくりするほど高かった。なんとか探す場所は、どこも手狭な部屋に住み、ご飯は食堂へ食べに行くシステム。母は「決まった時間にみんなでご飯を食べなくちゃならないなんて。料理も洗濯も自分でできないなんて」と言って泣いた。確かに、介護度の違う父母が一緒に住める場所探しはとても難しく、私たちは途方にくれた。

ようやく私の住まいから車で一〇分ほどの介護付き分譲マンションに住むことに落ちついたけれど、「ラッキーだ、よく見つかった」と思ったその暮らしは、結局、お金で解決したものだった。もうほかにどうしようもない、と切羽詰まった気持ちからの選択だった。

よく思い出す。あんなに大変な居場所探しの経験を、みんながみんなしているのかと思うと、世の中を呪いたくなる。きっと、保育園を探す働く親たちの思いも似たようなものだろう。なんていう苦労を背負うんだろう、今を生きる私たち。

八十歳を過ぎて始める新しい土地での新しい暮らし。なんとか落ち着いてもらうために、少しの時間でも、何かちょっとした食べものを持って、または材料を持って、分譲マンションの小さなキッチンへご飯を作りに、仕事を終えて

帰りたい父

から訪ねるのが私の日課になった。

　でもそこでの一年半ほどの暮らしは、倒れた後遺症で認知症が始まった父と、父の面倒を他人に任せたくない持病を抱えた母が介護で疲れていくのが重なる時期でもあった。父は不安定になった。認知症の症状を抑える薬の種類によって、攻撃的になることもあれば、ぼんやりと沈んだようにもなった。

　仕事中に母から電話がかかってくる。

「お父さんが、帰る、と言って聞かないの」

　仕事を早く切り上げて急いで行くと、父は興奮したような様子で「家に帰るぞ」と言うのだった。「お父さん、ここが新しい家だよ」と言っても聞かない。「横浜に帰るんだ、お前は駅まで送ってくれればいいから」と繰り返す。

「帰る」と言い続ける父を車に乗せて、しばらく近所をまわり、私の部屋に連れてくる。「よくお父さんが運転してここにきたでしょう?」そう言って少し落ち着いたかと思っても、一〇分もしないうちに「お母さんが心配している から、帰るぞ」と言い出すのだった。再び父を車に乗せて母のいる部屋に戻ると、その途端にまた「帰るぞ」が始まる。

「駅まで送れ」と繰り返す父をもう一度乗せた車を走らせるうちに、どうにも仕方なくなって路肩に止めた運転席で、私は大泣きした。所在なげにぽかんと見ていた父は、しぼんだように大人しくなって一緒に母の待つ部屋に戻ったのだった。


よくわかっていた。

父が帰りたかったのは、亡くなった弟家族の住んでいた横浜の実家でもなく、両親二人で三〇年を過ごした山の家でもなく、自分が自分であった、家族が家族であったその〈時間〉なのだった。

戻ることのできない、帰ることのできない記憶の中の時間に帰りたかったのだった。

鶏胸肉の塩麹焼き

麹、やっぱり面白いのだ。塩麹にも醤油麹にも夢中になった。甘酒もさんざん作った、濃く作った甘酒の素に味噌を混ぜて漬け床にして、切り落としの銀鱈やサワラやブリなんかを漬けるマイブームもあった。そんな中でやはり定番としてのスターは、塩麹と醤油麹だった。低カロリーでたんぱく質を摂ることができ、疲労回復効果もある鶏胸肉と塩麹の組み合わせは、年齢を重ねた人たちにもすすめたいおかずだ。

材料／２～３人分

鶏胸肉…１枚（約200g）

塩麹…小さじ２

酒…小さじ１

好みで油…少し

作り方

1 鶏肉は皮をよけて、肉は斜めに包丁を入れて食べやすい大きさにそぎ切りにする。ペーパータオルなどで水気を押さえて、塩麹と酒を揉み込んで10分以上おく。

2 フライパンにクッキングペーパーを敷き、上に鶏肉を並べる。蓋をして強めの中火で２～３分焼き、裏返して裏面も色が変わるまで焼く。取り出して、好みで粉山椒を振ったり、アマニ油やエゴマ油、オリーブ油などを少々振っても良い。

*焦げやすいので、クッキングペーパーを敷いた上で蒸し焼きにするのがおすすめです。

**塩麹は、そのほかイカを10日ほど、ちょっと大丈夫かな？　と思うほど長めに漬け込んで焼いたりも。イカも鶏肉もしっとりと食べやすく柔らかくなる。

〈塩麹の作り方〉

材料／作りやすい分量

米麹…200g

塩（天然塩が好ましい）…60g

水…300mℓ

作り方

1 清潔な手で麹を揉むようにしてほぐし、塩と混ぜる。水を注いで混ぜる。

2 清潔な蓋付容器に移して、常温で10日ほどおく。この間、１日１回、蓋を開けてかき混ぜ、空気に触れさせる。

3 とろりとして塩が馴染んだら完成、冷蔵庫に移す。

炊事洗濯家事育児

中学生くらいの年代の子どもたちに、仮想授業みたいなものをするという仕事がきた。ときどきあるのだ、こういう仕事。そういえばこの間は、実際に顔と顔を突き合わせて授業のような講演のような、そんなこともしたのだった。子どもたち、私が想像していたよりもずっと素直な瞳で見つめて耳を傾けてくれた。大人向けとそれほど変わらない内容の話に、しっかりついてきてくれていることが表情で察せられて嬉しかった。子どもたち、可愛かった。きっと日々接している学校の先生や親御さんたちにしたら、大変なことも多いだろうに、たまに出会って、それもおとなしくしていることが暗黙の掟になっているような課外授業での私は、孫が可愛いおばあちゃんみたいな気持ちになった。あんたたちの未来を守るために私は頑張るよっ、鼻息が荒くなった。

ちょっと脱線。私、何が好きといって、保育園児がお散歩に行く姿を見るのが大好きだ。車を運転しているときに、手をつないで一列になって先頭真ん中最後尾を保育士さんに守られてたどたどしく歩くあの姿を見かけると、〈萌えー〉とデレデレ顔になる。アイドルを見かけた気分になる、心がきゃーきゃーと騒ぐ。ちっちゃい人の列がもう無条件に、可愛くって可愛くって仕方ない。あんたたちのために、おばさんは頑張るよ、地球の未来を守っていくよ、と心いっぱいに温かい気持ちが満ちる。

学校を模した大人向けの講演仕事を依頼されたあるとき、私は〈家庭科の先生〉と言う立ち位置を与えられて戸惑ったことがある。久しぶりに〈家庭科〉と言う名詞に接したこともあるかもしれない。確かに私の仕事は料理、それを学校の授業の中にカテゴライズするとしたら〈家庭科〉だ。でもなんだか物凄くもやっとした。そのとき私は、具体的な料理を教える訳ではなく、〈食〉にまつわるいろいろについて話をする予定だったからだ。講演のタイトルも〈キッチンの窓を開けて社会とつながる〉だった。

で、家庭科。〈家庭〉に属する何か。そうか、きっと私、〈家〉の文字に引っかかっているんだな。妻を〈家内〉という言葉で言うのを聞くとき、家のこと＝家事は、家にいるべき女の仕事、と言われているようでモヤるのだ。炊事洗濯家事育児、育児はしたことがないけれど私、どれもきっと上手で大好きな仕事だという自負がある。でもそれを、女の仕事だ、家の中の仕事だ、と押しつけられるのはまっぴらごめん、と思うのだ。〈料理の先生〉と呼ばれたら、それほど嫌じゃなかったかもしれない。

炊事洗濯家事育児、家の中のことは人間が生きていくためのカナメの仕事だ。だからこそ人間社会の中心にあることなのだ。人がいなかったらものは作れないし、当然ながら買う人だっていない。経済だって当然なくなる。その私たちが食べて寝て暮らして生きていくことこそが経済を回している。家の中に閉じ込めておくことじゃない、社会を構成する、その人間一人ずつを支えるのが、家庭だし、その家庭を支えるのが一人ずつの個人じゃないか。一人ずつの元気が社会を元気にするのだ。上から（つまり権力を持った側から）こうあるべき、こうすべき、なんて言われたくないよ。憲法と一緒で、権力を持った人たちの暴走しがち、都合よく押しつけてきがちな道徳感を生活者である私たちこそが監視&アップデートしなくちゃな、と思うわけなんです。なんだか、鼻息荒いですか？

ともかく。

炊事洗濯家事育児が、人間が暮らしていく上での「基本のキ」なのだ、ということを肝に銘じて大事にしたい。料理も掃除も好きで楽しんでやっていきたい。

というわけで（というわけでもないかしら）。

中学生たちへ、料理に関して具体的なメッセージがありませんか？　と言われて私、そうだと思いついた。

「若者よ、めしを炊け！」と。

中学生の、それも男子が頭に浮かんでいた。ご飯は誰かに作ってもらう年頃かもしれないし、はたまたさまざまな事情を抱えて自分で賄わなくちゃいけない子どもたちもいるかもしれない。でも、いずれにせよ、ご飯さえ炊ければなんとかなる、そんなふうに思ったのだ。

精米した米は、同量から一・一倍の水を加えて火にかけて、沸騰したら弱火で一〇分炊けばでき上がる。電気釜がなくたって、電気がないところでだって、炊ける。そして米が炊けたら、塩さえあればまずはお腹を満たせる。まず、生きていくために、米を炊くのだ！

おむすびやサンドイッチは、コンビニで買うもの、と思っちゃっている人たち、多くないだろうか。おむすびをもう一度、キッチンに呼び戻そうよ。あちちちっ、なんて言いながら、自分の手で、きゅっきゅっと飯を握ろうよ。

うまいよー。力が出るよー。自信がつくよー。

自分で自分を養う、その第一歩が〈めし炊き〉だ！

鍋炊きご飯

米を炊くのは、いつの間に炊飯器の仕事になっちゃったんだろう。確かに便利になったろう、準備をしてスイッチ&タイマーを入れれば、好きな時間にほかほかご飯が炊けている。ありがたい。でも、米はほぼ同量から一割ましの水を加えて火にかけて、米がふっくらと水分を吸って澱粉がアルファ化すればでき上がり。電気がなくても炊けるのだ。生きる基本の食べものを自分で賄う〈めし炊き〉、しつこいようだけど、生きていくための力になる、そう思うんですよ。

〈米を炊く〉

材料／作りやすい分量

米…２カップ（400mℓ）

水…400～440mℓ（季節や米の乾燥度によって）

作り方

1 米をボウルに入れて水を入れ、ささっとすすいで*水をこぼす。これを２度繰り返す。

*米の表面の米糠をすすいで落とすため。これは手早く行なう。

2 米を、手のひらの付け根で米粒同士、押すようにするか、両方の手のひらで挟んで揉むようにして洗う。昔はこの作業を〈研ぐ〉と言っていたが、精米技術の上がった現在では、刃物を研ぐようなイメージではなく、洗うに近い感じ。ぐるぐると４～５回混ぜてから水を加えると、米の粉っぽい部分が落ちて水が白く濁る。この水をよけ、２～３度繰り返すと、水が澄んでくる。あとは米粒同士を擦らずに、最初と同様に水が澄むまで３回ほど水を換え、ざるにあげる。

3 ざるにあげて10分ほどおいてから鍋に移し、水を加え、さらに５～10分おく**。

**夏場は水を切る時間を長く、冬場の水が冷たい時期は浸水時間を長めにとるとよい。

4 鍋に**3**の米と分量の水を入れ、蓋をして強めの中火にかける。４～５分炊いて水蒸気が上がってきたら、弱火にして10分炊く、火を止めて８分蒸らして、ざっくりと混ぜる。

〈塩むすび〉

作り方

炊き立てご飯適量をバットなどに移し粗熱を取る。よく洗った手のひらを濡らし、指先2～3本に塩を付けてから手のひらに広げる。両方の手のひらを軽く丸めてご飯を取り、握る。

＊最近のお気に入りは、濡らして固く絞ったサラシにおむすびを包むこと。ラップで包むのと違って、ご飯が呼吸できるせいか、冷めても蒸れずに美味しく食べられる。最初からサラシでご飯を包んで握ってもいい。

＊＊さて、おむすび。鮭も梅も昆布もタラコも、どんな具も美味しいなあ。でも、それは美味しいご飯があればこそ。自分の作ったおむすびが自慢、そんな人にワタシハナリタイ……。

おわりに
――そうして、とうとう

二〇二〇年、コロナ禍が始まりました。二〇二〇年の始まりの頃は、何がなんだか訳がわからずやたら不安でした。何にどう気を付けたらいいのかわからないまま、《気を付けなくちゃ》の気持ちばかりが肥大して暮らしの全てを覆い尽くしたようでした。特に私は、間質性肺炎という持病持ちゆえ、家に閉じこもる選択を中心に日々を過ごしました。

そうして二年以上経った二〇二三年正月。そろそろコロナ禍も終息が見えたと思うときになって、コロナ陽性から肺炎が悪化。

高熱が出るなどの激烈な症状もなく、何度かの抗原検査をすり抜けたのち陽性が判明、そのまま入院。翌日、いろいろな管につながって集中治療室へ。そしてとうとうベッドから出ていけない絶対安静状態になりました。

しばらくして、一般病棟に戻れるようになっても、先に逝った両親や弟や友人たちが隣にいるようで、死ぬと生きるの境の柵が低いように感じていました。結局、一か月の入院ののち、ダメになった肺をフォローするため、つねに鼻の管から酸素を補う状態となって退院しました。すっかり病人になっていました。家に戻っても、以前の自分とは別人でした。以前はキッチンだったホームベースが、今ではベッドになってしまいました。でもだからこそ、キッチンでご飯を作ったり皿を洗ったり片付けたりする《日常》をおくることがリハビリになり、大事な時間になりました。否応なく自分の生きるステージが変わりました。

新たな〈めし炊き〉段階になりました。さて、これはこれでなんだか面白い、というか、そう思ってやっていかなくちゃ、ですよね。体の声に耳を澄まし、食べたいものを考え、自分を甘やかしたり励ましたりしながら、食材と料理に向きあっていきます。

机の前に座っていられない状態になって、この本を進めるのに長い時間がかかってしまいました。辛抱強く励ましてくださった編集の松田重明さんにお礼申します。よぼよぼ状態を明るく支えてくれた友人・石川さん、むかごスタッフ、妹ぴーちゃん、そして病状を上手に受け入れさせてくれた友人・伊藤比呂美、読んでくださった同じ時代を生きる皆様に感謝します。

二〇二三年、枝元と私

伊藤比呂美（詩人・文筆家）

つきあいが長いので、相手の状況がどんどん変わっていくのを目の当たりにしてきた。

出会った頃の枝元は、ヒッピーくずれの自己主張の強い若い女だった。ふわりとした奇妙な服を着て、ゆったりとしゃべり、役者をやりながら料理をやっていた。いや役者もやり、料理もやっていたというべきだろう。つねに飯炊き、飯場担当、料理担当として生きていた。

しょっちゅう外国を放浪していた。所属していた転形劇場でもあちこちに行ったそうだし、自分一人でもバックパックを背負い、一緒に行ったことは一度もないので推測でしかないが、現地人の食生活のすみずみまで入り込み、経験して帰ってきたのだと思う。

枝元の料理に感じられる、どこか落ち着き所のない、日本の家庭や日本の常識からはずれた感じは、たぶんそのあたりから来ているのだ。

それから転形劇場が解散し、枝元は役者をやめ、料理だけになって、売れっ子になった。

その頃枝元は、阿部なをさんのところに出入りしていろいろ教わっていたと思う。「なをさんがね」という話を、「太田さん（太田省吾さん、転形劇場の主宰だった）がね」と同じくらいか、あるいはもっと聞いたことがあるような気がする。

それからテレビにレギュラーで出るようになって、さらに売れっ子になった。ゆったりしたしゃべり方で、ふんわり、ほんわかとしたキャラを前面に出し、エダモンと人に呼ばれた。

昔から、ゆったりもふんわりも、ほんわかさえも持ってはいたけれども、同時に捕食者のようなするどさ、獰猛さも持ち合わせていたのだ。そこは、その当時うまーく隠していた。エダモンは子どもに食べ物を作らせ食べさせるのがうまかった。

そのうち、無駄になる食材を救い出そうと「チームむかご」を作り、ああ、こんなふうに人を巻き込んで、社会的な運動に関わっていくのか、さすがにヒッピーくずれの劇団出は、行動力がラブ&ピースですごいなと、(仕事場にこもるしかない)一人の詩人として感動していたら、東北大震災が起こり、その直後から、枝元は、怒涛の社会派として動き出していったのだったった。

行動の基本は、無駄になる食材に持ったのと同じような、共感する力だったと思う。

地震に怯える都会の孤独な女たちに共感して「にこまるクッキー」を企画して、被災者に共感して被災地に通いつめ、ホームレスの人たちに共感して「ビッグイシュー」に関わり始め、正月に温かいものを食べられない人々に共感して「大人食堂」を引き受け、売れ残るパンやホームレスや食えない学生たちに共感して「夜のパン屋さん」を始めた。同時に種や肥料や生産者や給食や反原発や反TPPや反種苗法改正や反オヤジや……過激に動きはじめ、いや凄まじい力だった。それがすべて枝元の日常の、まさにここに書いてあるような、老いていく親や、死んだ弟やその家族や、甘えてくる猫たちや、途方に暮れている友人たちを、ひとりひとり慈しみ、世話を焼き、その人たちのために冷蔵庫をつねにいっぱいにし、朝から晩まで台所に立って食べる物を作り続けという、そういう生きざまとともに、なされてきたことだったからだ。

今現在の枝元は、闘病中である。病気のせいで（九六頁参照）息が苦しいらしく、つねに喘いでいる。もともと息せき切ったようにしゃべる癖があるから、電話で話しているとそこまで気にならないが、同じ部屋にいると、ずっとハフハフ喘ぐのが聞こえる。ときどきそれがメロディに聞こえてくる。

「なんか歌ってる?」と聞くと、

「歌ってるよ」と言う。それでいっしょに歌ったりもする。

数か月前にはかなり悪くなって、入院もしていた。そのとき医者には、酸素吸入器を使えと厳命された。枝元はガンコに抵抗した。「楽になるんならつけたほうがいいんじゃないの」とおそるおそる口を出すと、なんでも医者に、酸素を吸入している最中にガス火を使うと引火する恐れがあるから料理するなと言われたそうなんである。「料理人が料理できないなんて冗談じゃない、IHじゃ仕上がりが気に入らない」と枝元は言い張った。

枝元のこれまでの生きざまを考えれば、それも仕方ないのかなと考えていたとき、私は羽田空港でひとりの男を見た。トレンチコートを着た、背の高い、五十代半ばという感じの男が、羽田空港のコンコースに立って、コートの裾を風になびかせて（空港内に風が吹くのか、と後で枝元に指摘された）、掲示板かなにかを見上げていたのである。

男は小さいキャリーを曳いていた。羽田空港だから、まあ当然だ。しかし私が目を止めたのは、そのキャリーが一泊旅行なんかには役に立たないような小さいやつだったからだ。男は鼻に酸素の管をつけていた。その管がキャリーにつながっていた。キャリーの中には着替えや書類じゃなく、酸素ボンベが入っていたのだった。

私は家に帰って（つまり枝元の家だが）枝元に話した。

「背が高くて、知的な感じで、着こなしもよくて、シュッとして、酸素の管を鼻につけて、まっすぐに前向いて歩いてて、かっこよかった。酸素してたから、男っぷりがよけい上がって見えたと思うのよ」

酸素吸入器を拒んでいた枝元だったが、今はつけている。酸素なしでは体調が悪くなる一方で、料理もできなくなるわけで、ついに観念したのかもしれないし、姪のみおちゃん（医者）に叱られたせいかもしれない。そしてもしかしたら、私の目撃した、空港の酸素男に刺激されたせいもあるかもしれない。鼻の酸素をときどきぱっと外して、ガス火であれこれ、また酸素を鼻に戻してＩＨであれこれ、おいしいものを作ってくれるようにもなった。

それ以来、空港の酸素男は、私たちの間でたびたび話題になる。枝元は半信半疑で、「つくり話なんじゃないの」とか「酸素吸入させたいって思うあまりの幻覚なんじゃないの」とか言うのだが、「いやいや、ほんとにいたんだって」と私はダンコとして証言する。あのとき、かっこいい男が酸素吸入器をつけて、羽田空港のコンコースに、ひょうひょうと風に吹かれていたように、これからもずっと、かっこいい枝元が酸素吸入器をつけて、「夜のパン屋」や「大人食堂」の現場に、これまでと同じように、ふんわりほんわかと、共感力をいっぱいにして、しかし酸素つきなので今までよりちょっと素を出して、激しく、ガンコに、ラブとピースを全面に押し出して、人々の間を動きまわり、人々のために（ＩＨで）ごはんを作りながら人々をつなげていくんだろう。そして私はそれを見続けていくのである。